女性の秋を生きる二人の往復書簡

豊田かな　大嶋裕香

Forest Books

はじめに

豊田かな

私は普段は個人塾を運営して英語や数学を教えています。夫は牧師なので、牧師の妻でもあります。息子が三人います。仕事と子育て、忙しい日々でしたが、あと数年したら三男も社会人になり、夫婦だけの生活になるでしょう。昨今、人生百年時代と言われていることから考えると、その後半に入ってきているのは明らかです。

スイスの医師で心理学者のポール・トゥルニエは、人生を四季に例えました。二十代前までが春。二十代から夏。五十代から秋。七十代から冬の季節が始まると考えていいと思います。女性にとって「秋」は、どのように過ごせば幸せを感じられるのでしょうか。

秋の実りをイメージしてみました。熟した果実を頬張る私。待った甲斐がありました。できるだけたくさん手に取り、食して味わいたいと思います。あまりに美味しいので近所に配ります。笑顔を見てうれしくなりました。

秋の実りを楽しむ私と、感謝のことばをかけてもらって幸せになる私。

妻、母親の役割を横に置いて、「自分らしさ」を見つめていると、新たな発見もあります。また、ずっと埋まっていた願いが見えてきました。長年の努力で磨かれた賜物という宝石も現れてきました。

自分らしくなれると、人生の秋には、それらを次の世代に渡して喜んでもらえるように過ごしたいと思うようになりました。

教会で結婚するカップルのためのカウンセリングを私が担当することがあります。二人が結婚準備をする中で、心配なことも出てきます。結婚に向かう二人を励ましながら、何度かお話をします。すると、不安がなくなり気持ちが軽くなっていったのでしょう。未来に希望をもって輝く笑顔を見て、私の心も喜びであふれます。祖母や母から預かった指輪を娘に渡していくような感覚です。

五年前に出会った大嶋裕香さんとは、超教派の女性リトリートを一緒に開催するようになって親しくなりました。五歳ほど年下なので、人生の秋を迎える時期です。彼女から質問がありました。私は人生の少し先輩なので、お手紙で回答することになりました。これも、実りを分かち合う喜びになりそうです。

あ、早速一通目が届きました。何が書かれているのかな？　読んでみます。

Contents

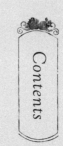

2章 これからの私たち

3章　妻と夫の往復書簡――大嶋夫婦

4章　妻と夫の往復書簡――豊田夫婦

1章　二人の往復書簡

To Kana
From Yuka

「牧師夫人」は大変？ 楽しい？

かなちゃん、ラインやメールはよくしていますが、お手紙を書くのは初めてです。なぜあなたにお手紙を書いているのか、それは五年前の出会いにさかのぼります。

初めて京都で会った秋の日、年上のあなたは私の前に颯爽《さっそう》と現れました。「かなちゃんと呼んでね、裕香ちゃん。敬語使わなくていいからね」

私がクリスチャンの集会に講師として招かれ、関西を訪れたので、共通の友人と三人で会いましょう、となったのですよね。私の大好きな歴史と美術を楽しめるようにと、大山崎山荘美術館を選んでくれました。山崎の戦い、朝ドラ「マッサン」のゆかりの地、そして着物の展示、という大興奮の土地で、私はあなたとの出会いに興奮と感動を覚えたのです。

その年の夏、夫が所属教会の主任牧師になることを決めました。夫婦でとことん話し合い、祈り合った夏でした。夫が二十年続けた学生伝道の働きを辞し、新しい道に入ること、それは私たち家族にとって大転換の出来事でした。押し寄せる希望と不安。私にとっていちばん不安だったのが、「牧師夫人」になることでした。

夫が牧師になることを表明してから、こんな声をよく聞きました。「裕香さん、牧師夫人になるんですね。これから大変になりますね」。そのことばを聞くたび、「今までもけっこう大変だったんだけど。もっと大変になるの？」という懸念が頭の中を渦巻きました。伝道者の妻ということは一緒ですが、一体何が「大変」なのか。「大変」の中身を知りたい。「大変」だけなの？　とにかく、牧師の妻の先輩に聞いてみたかったのです。

「牧師の妻ってどうですか？　大変ですか？　楽しいことはないですか？」

美術館の庭園を歩きながら、私は恐る恐るあなたにこの質問をしてみたのです。すると、「楽しいよー‼」とにこっと笑って答えてくれました。

かなちゃんは笑うと目がなくなりますね。口もがばっと大きく開くのです。私はあなたのその笑顔に安心したのです。「牧師の妻、楽しんでいいんだ‼」

ところでかなちゃん、牧師の妻って何が楽しいですか？

同じ立場でつらい苦しい思いをしている方もいると思うのです。教えてください。

To Yuka
From Kana

「正直に書く」、「正直に生きる」

天王山のふもとにある小さな美術館。

「夏目漱石、私だーい好きなの」と、はしゃぐ裕香ちゃん。少女のようで可愛《かわい》かったですよ。

「牧師夫人」って、プレッシャー感じるよね。私は周りの期待に応えようと頑張るけれど上手くいかなくて落ち込んだり、夫の足を引っ張っているようで不安を覚えたことがありました。でも、友達の一言で大きな気づきがありました。ママさんバレーのキャプテンをしていた時です。

「ねえ、バレー楽しんでいるの？　楽しんでいないと空気はチームに伝わるよ。みんながしんどく感じる」。みんなに喜んでもらうために頑張っているのに、かえって気を遣わせていたなんて……ショックでした。

私の場合、「ちゃんとやらないといけない」と思う気持ちが先にきて、楽しむことがいつも後回しになっていたのですよね。教会の奉仕も楽しむことを犠牲にしてすると、神様は喜ばれない、心も軽くならないことに気づいたのです。自分が楽しい気持ちになっているか、何をしたらワクワクするか。まず心を観察するクセをつけました。

「ちゃんとやる前に楽しみチェック！」今では私のモットーです。

ところで、私もあなたに助けてもらったことがありました。夫の著書『夫婦となる旅路』（いのちのことば社）で最終章の執筆依頼を受け、引き受けたものの初めてのことで困っていた時です。

身近に大先輩がいる！　クリスチャン女性で何冊も本を出版しているあなたは憧れの存在。早速相談したのですよね。すると、「正直に書くことだよ、文章に表れるからね」と返事がきました。

何か方法を教えてくれると思っていたので目が点になりました。でも、思ったのです。上手に書けないけれど正直にはなれる！

過去を振り返り、筆を執《と》りました。するとあっという間に終わらすことができたのです。うれしくてあなたに伝えた時、一緒に喜んでくれましたね。

この往復書簡は「正直に……」自分に声をかけて作業を始めます。するとふつふつと湧いてくるのです。文章で表現するのがおもしろくなってきて、小説に挑戦することになりました。五十代半ばで見いだした新しい領域に胸を膨らませています。あなたからのアドバイスはこれからも私の宝物です。

裕香ちゃんはもうすぐ五十歳ですね。どんなイメージがありますか？　どんな気持ちですか？

To Kana
From Yuka

四十代の不調、病を得て

かなちゃん、私は三月で五十歳になります。

いつだったか、「江戸時代では四十歳から『初老』」ということばを聞いてから、「自分はもう立派な初老の域だ」と思うようになりました。

調べてみると、奈良時代くらいから一定の年齢に達した人を十年ごとに祝っていたらしいのです。その最初のお祝いが「初老」（『日本風俗歴史事典』弘文堂《こうぶんどう》）。『広辞苑《こうじえん》』（岩波書店）では「四十歳の異称」とあり、『論語』では四十歳は「不惑《ふわく》」。五十歳は「知名《ちめい》」。天が自分に与えた使命を知る時なのです。まさにポール・トゥルニエが言う「人生の秋」にさしかかった思いです。

四十代から体の不調が増えました。目はかすみ、忘れっぽくなり、頭痛や肩こり、不眠、イライラなど、更年期症状にも悩まされました。

特にその症状がひどくなった時の対処法をかなちゃんに聞いたことがありましたよね。そうしたら、下半身の骨盤体操のやり方を図解入りですぐに教えてくれました。私が自分で始めた下半身の体操と似ていたので、ほっとしたのと同時に「かなちゃんもこの体操、

今頃やっているかな?」と一人ではない心強さを覚えました。

つらい更年期も一緒に乗り越えようとしてくれる先輩がいることが、実に頼もしく思えたのです。

また、五十歳を前にした自分にとっていちばん大きかったのは、四十八歳で甲状腺の病を得て、倒れてしまったことです。最高血圧が突然、二百近くまで上昇して息切れと動悸《どうき》で苦しくなり、「このまま心臓が止まってしまうかもしれない」と恐怖を覚えました。

同時に「このまま心臓が止まっても、悔いはない。天国に行ける確信があるし、いい人生だったなあ」と冷静に思う自分もいました。

血液検査で甲状腺機能亢進症《こうしんしょう》とわかり、投薬治療も始まり、当初は通常の六倍出ていた甲状腺ホルモン値も、発病後一年半たった今は、数値も薬も三分の一になりました。

私は祈ったのです。「一度死を覚悟して、でも生かされた。これからの人生の秋を、ずっと私が関わってきた子どもたちと女性のミニストリーにささげたいです」と。この祈りに関しては次回詳しく書きたいと思います。

かなちゃんの五十代はどのような感じですか？「人生の秋」ということばについても教えてください。

To Yuka
From Kana

自分のために生きる人生の秋

裕香ちゃん、私は五十代初め、ポール・トゥルニエの『人生の四季』（日本キリスト教出版局）という本に出合いました。

「人生の夏を引き延ばしすぎると秋を楽しむことなく一気に冬を迎えてしまう」

そんな人生はさみしすぎる、秋をしっかり楽しみたいと思いました。妻、母、仕事の責任を優先させ、自分のことを後回しにしてきた夏を終わらせる時だと感じました。人生の豊かな実を味わう季節に入っていくことを決意しました。

初めはいろんな秋の楽しみを探していました。友達とカフェ巡りをしたり、習い事では乗馬をしてみたりもしました。

二年前のことです。がんのステージ4を宣告された方の体験を聞きました。余命数か月と告知された時、彼女は一人旅に出かけることにしました。朝起きてその日の気分で行きたいところに行くという旅でした。京都のカフェで和菓子を食べている時、「私はこんなことがしたかった」と気づいたというのです。今まで夫、子ども、教会のために一生懸命生きてきた。でも自分のために生きてこなかった。楽しんでこなかった。

衝撃を受けました。自分のために生きるとはどういうことなのだろう……。

小さな頃の記憶をたどってみることにしました。学校の図書室の本を全部読んでしまうほど本が大好きだった私。作文で賞をもらったことがいちばんうれしかった、という思い出がよみがえってきました。

そこで、時間を見つけては図書館に通い、小説を書くことを始めてみました。すると時間を忘れて夢中になっている私を発見したのです。

今、仕事をしながら、大学（通信制）で心理学を学んでいます。執筆の機会も与えられました。読者の方から「励まされました」と言っていただくとうれしくなります。役割を果たしている自分とは、また違った充実感を覚えます。

ちなみに、先の彼女は奇跡的に癒やされ、元気に過ごされています。

裕香ちゃんも死を覚悟した時がありましたよね。あの時から、裕香ちゃんに変化を感じます。今まで講演会で話すのは緊張して苦手だと言っていたけれど、最近は自信と確信をもって語っていますよね。喜びがあふれているのがわかります。大嶋裕香として第二の人生を歩み始めたように見えます。

裕香ちゃんが人生をささげていきたいと決心したミニストリーについて、詳しく教えてください。

To Kana
From Yuka

子どもの時に喜んでささげたもの

かなちゃんの「人生の秋」について、詳しく聞けてうれしいです。二〇二〇年、共に参加したリトリートで、「牧師夫婦や女性ミニストリーワーカーのリトリートをしたいね」と話しましたよね。その二年後の二〇二二年に牧師夫婦のリトリートが実現し、二人で沖縄の海辺で分かち合いました。その時、私はお祈りしたのです。

「これからの人生の秋を、ずっと私が関わってきた子どもたちと女性のミニストリーにささげたいです」

波の音が優しく私たちを包んでいました。

沖縄のリトリートでは、かなちゃんの伴侶のぶさんのセッションで、「自分の賜物《たまもの》は何か。子どもの時に喜んで自分をささげた経験は何だったか。そこから賜物を考えてみる」という時間がありました。

年の離れた弟と妹がいた私は、教会学校の先生をしたり、夏季修養会でも自主的に子どもたちを集めて遊びの時間をもったりしていました。その光景が脳裏に浮かんできたのです。

今も市の主任児童委員として、不登校のお子さんの登校に付き添い、母子家庭や外国人家庭などを訪問しています。ファミリーサポートの預かり保育や子ども園の絵本の読み聞かせも続けています。私は子どもが大好きなのです。

また、夫が二十年間奉仕したキリスト者学生会では、女子学生たちの悩みを聞き、祈り合い、女性合宿で恋愛、結婚、性についてお話してきました。主事の妻たちの会を企画し、祈祷課題を分かち合いました。そのような経験から得てきたことを、『神に愛された女性たち――西洋名画と読む聖書』（教文館）に著しました。

「子どもたちと女性たちに人生の秋をささげたい」とあの海辺でお祈りしてから、家庭形成や女性セミナーの依頼も続々といただきました。語っている時に喜びと満たしが押し寄せてきます。海の波のように。

今でも語ることは得意ではないのですが、かなちゃんが言うように自信と確信をもって語っているように見えるなら、それは神様の力です。

自分の子どもたちも成人し、手を離れてきたので講演やセミナーに時間を割けるようになってきました。

ところで、娘がこの春就職し家を出るのですが、子どもの巣立ちについて教えてもらえたらうれしいです。

To Yuka
From Kana

自分らしさを取り戻す

裕香ちゃん、子どもの巣立ちは人生の秋のテーマの一つですよね。

長男は大学の時、下宿をしました。支払いができず、ガスが止められ、水でシャワーをしていたと後に聞いた時は真っ青になりました。

現在、上の二人の息子は東京で働いていて、三男は留学中。家は空《から》の巣状態です。三人ともめんどくさがり屋なのでほとんど連絡はしてきません。元気に過ごしているか気になりますが心配してもキリがないですよね。無事を祈ることしかできません。

『愛するということ』（エーリッヒ・フロム著、紀伊國屋書店）の中で印象的なことばが二つありました。

一つは「母親は子どもの巣立ちを耐え忍ぶだけではなく、それを望み、後押ししなければならない」です。

母親は自分の時間を犠牲にして子どもたちのために仕え、愛情を注ぎます。特別な「見返り」を得られないまま、今度は彼らが自分から離れていくことを望み応援する。それは意識して気持ちを切り替えないと難しいですよね。

二つ目は「自分の存在にしっかり根をおろしている女性だけが、子どもが離れてゆく段階になっても愛情深い母親でいられるのである」ということばです。

気持ちを切り替えるには、役割としての「母親」を終えることだと思いました。

実際、家に息子がいないと「お母さん」と呼ばれることがなくなりました。一日の洗濯の回数は減り、大量の料理から夫婦の分だけになりました。送り迎えや弁当作りもなくなりました。

その代わり、自分のために使う時間が生まれてきました。「豊田かな」としてどう生きていくか見つめ直す時間ができたのです。

将来夫が牧師を引退したら牧師の妻の役割を終えます。もし夫が亡くなったら妻の役割もなくなります。そう考えると、役割を終えたあと、私らしさを取り戻していくということはとても大事なことになってきますよね。

賜物が何かをもう一度思い起こしてみることは助けになりました。私が生かされていることを喜び楽しめるようになったと思います。子どもの巣立ちという喪失が、人生の秋を生きるスペースを作ってくれたように感じます。そして、〝自分の存在にしっかり根をおろす〟とは、ありのままの私を愛することで、隣人も愛することができる人なのだろうと思います。

裕香ちゃん、娘さんが就職で家を出られましたね。その後の気持ちはいかがですか？

To Kana
From Yuka

神様からお預かりした命

かなちゃん、子どもの「巣立ち」についてお返事いただき、かなり励まされました。実を言うと、娘が就職で家を出てから一週間ほど、かなり激しい「空の巣症候群」に陥ったのです。まさか自分がそんなふうになるなんて思いもしなかったので、おろおろしてしまいました。

わが家には「二十二歳になったら家を出る」というルールがあるので、娘が就職で家からいなくなることはわかっていました。インターンから帰った娘の充実した様子を見て、「やはり出ていくのか」と思うと、「おめでとう、応援するよ」という気持ちと「さびしい」という気持ちがないまぜになりました。

数年前から「空の巣症候群、どうでしたか？」と、何人もの先輩方にお聞きし、準備していました。皆さんのお返事は「すぐ慣れるよ」。……「そうか、慣れるのか」

確かにかなちゃんも言うように、洗濯物や作る食事の量は減り楽になりました。しかし、それまで四人分を買っていた食品の「三人分」というパッケージをスーパーで手に取った時にも、じわっとこみあげてくるものがありました。

娘が家を出てから一週間。悲しみに暮れ、何をするにもやる気が起きず、「このままではまずい」と思っていた矢先、夫から一冊の本を手渡されました。「これ、読んでみるといいよ」。

夫婦で大好きな女流作家の作品で、いわゆる「毒親」の母に育てられた娘が、苦しみながら立ち直っていく小説でした。

ショック療法というのかなんというのか、私は号泣しながら一晩で読み終え、不思議なことに次の日からすっきりと立ち上がれたのです。

感情を思いきり出せたのも良かったのでしょう。読みながら自問自答し、二十二年間の娘との関係を振り返り、祈りの中で神様に気持ちを注ぎ出した夜でした。

娘が生まれた時、「命を神様から預かったのですね」ということばをかけてくださった方がいました。特に夫はえらく感動し、「神様からお預かりした命を、巣立つ日まで大切に育てよう。預かったのだから、お返しする日がくる」と常々言っていました。そう、その日がきたのです。

かなちゃんの伴侶ののぶさんは、息子さんたちの巣立ちの時はどんな様子でしたか？

何か変化はありましたか？

To Yuka
From Kana

夫の中年の危機

裕香ちゃん、気持ちを思いっきり出せてよかったね。小説で号泣した「ショック療法」ってユニーク！と思ったけれど、意外と効果的なのかも。無意識に抑えていた感情が解放されたのでしょうね。

子どもの巣立ちに対する夫の反応をたずねてくれていましたね。彼は私より心配性です。息子が渡米した時は毎日連絡したくてそわそわしていましたが、しばらくしたら落ち着いたのでほっとしています。

ところで、夫が「中年の危機」について話していた内容が興味深かったので紹介したいと思います。

夫によると、男性は四十代を迎えた頃から残された時間を意識し始めるようです。

「かなえたかった夢があったのに、もう時間があまりない。かり立てられるように新しいことを始める。でも体力が落ちている。すると焦りやいらだちが増してくる」

夫は五十代前半頃、睡眠時間を削って本の執筆をしている時に帯状疱疹を発症しました。本を書くことがストレスと感じていたわけではないのですが、体が悲鳴をあげたのでしょ

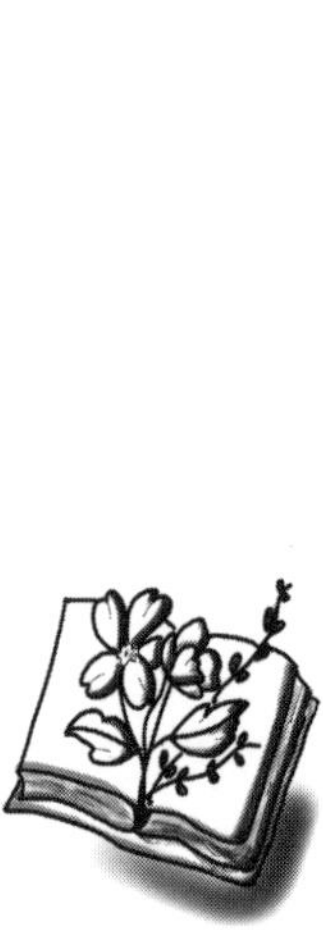

う。

体は正直です。無理ができなくなってきた現実を突きつけられたようでした。

また、心もストレスに対して抵抗力（耐性）がだんだんなくなっていくようです。

「心の支えは、時にたましいの重荷になる」（河合隼雄『こころの処方箋』新潮社）ということばにハッとしました。いろいろな要因があるようですが、心が弱ってくると「生きがい」だったことも負担に感じる場合があるのでしょうね。

夫は体と心の衰えにふがいなさを感じ、自分自身にイライラしていただけなのかもしれません。

そこで「夫の更年期の向き合い方」を考えてみました。

夫のいらだちに、妻は争いたくない気持ちから我慢してしまうことが多い気がします。でも、「境界線」を引くと夫の感情に責任を感じる必要がなくなります。まず、自分の心を守ることが大事かな、と思いました。

それができたら、夫の葛藤に寄り添っていけるのでしょうね。

また、男性同士で普段から安心して話せる場があるといいですよね。

裕香ちゃんの伴侶のしげさんは、男性の更年期ありましたか？

To Kana
From Yuka

夫の中年の危機2

かなちゃん、のぶさんは心配性なのですね。そして体がしんどい時があったのですね。うちは私のほうが心配性です。夫は私よりも物事を俯瞰《ふかん》的に見てくれることが多いので、助かります。でも、娘が就職で家を出た春先は、ふだんよりぼうっとしていたり、部屋から出て来なかったりと、やはり変化があったように思います。本人に聞くと、「説教の構想を考えていただけだ」と言うのですけれど。

それよりも、もっと「中年の危機」ではないか、と心配した時期がありました。キリスト者学生会の総主事になる時でしたから、四十代半ば頃のことです。「サバティカル※」として、三か月のお休みをいただきました。しかし、それまで働き詰めだった夫は、急にお休みをいただいてとまどっているようでした。初めの頃はゆっくり寝たり、出かけたりしていましたが、そのうちイライラし始めました。

そして、やることがないからとキッチンの鍋を磨いたり、家中の床を磨いたりし始めたのです。決して楽しんでしているのではなく、鬼気迫る形相でしていました。

ある日、夫婦で出かけようと駅に向かう道すがら、「今日のそのファッション、帽子と

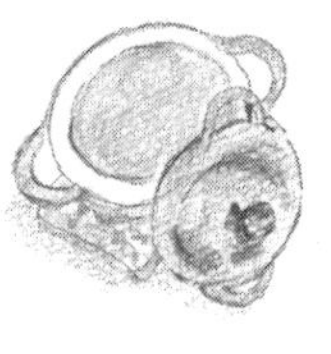

※サバティカル…長期勤続者に付与される長期休暇。聖書に書かれた安息日に由来する

服が合っていないみたいね」と何気なく私が言うと、烈火のごとく怒り出したのです。「なんだ、その言い方は！　もう今日は出かけるのをやめた！」と言い捨てて、私を置いて家のほうに引き返して行きました。ふだんなら反応しないようなことばにも反応し、感情を抑えきれない様子を見て、さすがに「これはおかしい！」と思いました。娘も「最近、お父さん怒りっぽいよね」と心配そうでした。

のぶさんとは反対で、夫の場合は仕事の手を休めた途端、さまざまなバランスが崩れたのでしょうね。

その後、しばらくして、いつもの夫に戻っていきましたが、それ以来、休む時は思いっきり休む。スポーツをしたり、お風呂に入りに行ったり、友人と会ったり。そのようなリラックスする時間を以前より大切にするようになりました。

かなちゃんが言うように、男性同士で安心して話せる場はありがたいですよね。

更年期は英語で「チェンジ・オブ・ライフ」とも言うそうですが、休み方や時間の使い方をチェンジしていく時なのかもしれません。

ところで、かなちゃんは親の老後や介護、親との関係については何か変化を感じていますか？

To Yuka
From Kana

大人でも孤児に、しかし約束が

裕香ちゃん、親との関係について何か変化を感じているか、と聞かれて思い出したフレーズがあります。

「人はいつか父と母を失い、孤児になる」（『親の家を片づけながら』リディア・フレム）

この本は、両親を失った著者が親の遺品を片付けながら湧き上がってくるさまざまな感情や心情の変化をつづっています。親に対する心の叫びやいらだちも赤裸々に書かれていました。

老いた両親を失った人（大人）も〝孤児になる〟。そんなふうには考えたこともありませんでした。小さい子どもが両親を失った時に使うイメージが強かったからです。

夫もいる、子どももいる、でも孤児になる、両親が亡くなるとはそういうことなんだ。親との関係が良好でも、そうでなくても孤児になってしまうことは変わりがない。なんて寂しい響き。使いたくないことばだと思いました。

私の両親はまだ健在ですが、今年二人とも八十歳を超えました。去年、母が二度も大きな手術をしました。生死を彷徨《さまよ》うほどの大病と大手術を経験しました。親の死を覚悟する

局面に初めて立たされました。

予断を許さない状況でもコロナ禍の中なので面会ができず、「このまま会えなくなってしまうのでは……」と不安感に襲われました。

戸惑う自分に向き合うのが怖くて仕事に没頭していたい気持ちになりました。

母が入院中、自宅で一人で過ごす父のことも心配でした。何もできないのですが、せめて一緒にご飯を食べながら世間話をすることにしました。

母の病状がとても不安定な時、この本と出合いました。その時がきたら泣いてもいい、喪失感を味わってもいい、だって孤児になったのだから、当たりまえのことだと思えるようになりました。少しだけ心の準備ができていっているようでした。そして次の聖書のことばが心に響いてきました。

「わたしは、あなたがたを捨てて孤児にはしません」（ヨハネの福音書14章18節）

今までこの約束のことばは、親に捨てられた子どもというイメージだけで読んでいました。しかし、親を失って孤児とされた人にも約束されていることがわかりました。神様は私にはっきりと宣言してくださっています。

なんとも言えない温かいものが私を包んでくれていくのを感じました。

裕香ちゃんは親との関係で最近何か感じることはありますか？

To Kana
From Yuka

手放していく季節に

かなちゃん、親とのことについて分かち合ってくれて、ありがとうございます。大病と大手術、本当に大変でしたね。私の両親も健在ですが、やはり持病や手術、検査については気をもみますし、高齢の親の二人暮らしが気にかかり、時々様子を見に行っています。

「わたしは、あなたがたを捨てて孤児にはしません」（ヨハネの福音書14章18節）のみことば、はっとしました。新共同訳では、「わたしは、あなたがたをみなしごにしておかない」と、「孤児」が「みなしご」という訳になっています。

もう二十年ほど前になるでしょうか。親を亡くした高齢の女性が、葬儀後にこう言われたのを思い出しました。

「ああ。私、ついにみなしごになってしまったよ」

早くに父親を亡くされ、独身で生きてこられた方が今度は母親を天に送り、六十歳になってつぶやかれたことばでした。私は当時ショックを受けたのです。何歳になっても親の前に子は子だし、親を亡くすとは、相当の孤独感、喪失感なのだと。

その後二十年たち、私も五十歳になり、親も八十代を迎えます。

去年、父の膵臓《すいぞう》に影があると言われ、精密検査を受けました。父は以前、初期の大腸がんで内視鏡手術を受けていたので、とっさに「再発だ」「膵臓がんだ」という思いが頭をよぎりました。そして検査結果が出る一週間後まで、最悪の場合の想像をしては、一人布団の中で声を潜めて泣きました。「やがて父もいなくなり、母もいなくなって、私はみなしごになってしまうんだ」

精密検査の結果は影が見当たらず、事なきを得たのですが、みなしごになる恐怖と悲しみを想像したばかりだったので、ヨハネのことばには心からの慰めを得ました。この前の箇所には、助け主なる聖霊を私たちに送ってくださり、その方がいつまでも私たちと共にあることが約束されていますね。何よりイエス・キリストが、十字架上で父なる神に見捨てられるというすさまじい悲しみと喪失、孤独を経験された方でした。

私たちが迎えている人生の秋とは、実りの季節である一方、子どもの巣立ちや親の看取《みと》り、闘病など、別れや喪失を経験していく時期なのかもしれませんね。手にしていたものを手放していく季節に、神が私たちの傍らにいてくださる約束がどんなに大きなことか。

かなちゃんのみことばの分かち合い、心から感謝します。

To Yuka
From Kana

ちいさい秋に耳を澄ませて

「ちいさい秋みつけた」

裕香ちゃん、秋と言えばこの童謡。子どもの頃よく歌っていましたよね。

作詞者のサトウハチローは三歳の時、大やけどを負い、後遺症が原因で家にこもりがちだったそうです。クリスチャンだったお母さんがよく教会に連れていってくれた、というエピソードを知りました。

彼はその歌詞の中で、窓の外の鳥の鳴き声が部屋の中まで届いていたと描写しています。

幼少期、数少ない、でもとても印象的な〝ちいさい秋〟だったのでしょうね。

私にとって〝ちいさい秋〟ってなんだろう、と考えてみました。

一つは長く続いている関係だと思います。

塾を始めて二十五年たちます。多くのお母さんから子どもの勉強の仕方、関わり方などの相談を受けました。何度も頼まれて無理をして時間を作り、親身に相談に乗ってきました。

受験が終わると生徒は辞めていきます。当たり前なのですが、お母さんたちとも会うこ

とがなくなります。そうすると、どこか「利用された」と感じて寂しさを覚えました。

一方で、ずっと続いているグループがあります。子どもが卒業したのに「次の保護者会はいつにしましょうか?」と、連絡がきます。ある時、夫婦について聞かれました。生き方に関わってくる話になりました。私が自分の体験や「境界線」を学んで楽になったことをわかち合うと、もっと続きが聞きたいと言われました。その時、関係がグッと深くなっていくように感じたのです。この三人の集まりがこんな展開になるなんて思いもしませんでした。うれしくなり、次の集まりが待ち遠しくなりました。

長く続いている関係は他にもあります。

学生の時に知り合い、お互い同じ年に結婚した信仰の友がいます。三十五年のおつきあいです。最近英語の講師として、私の塾を手伝ってくれることになりました。一緒に仕事をするのは初めての経験です。でも気心の知れた間柄なので遠慮なく意見も言い合えます。新たなメソッドが生まれてきそうです。私が何を目指しているのかを理解してくれます。心からサポートしようとしてくれているのが伝わってきます。私にとってこの関係も、ちいさい秋が深まっていくことだと思いました。

深みの増した〝ちいさい秋〟、まだありそうです。

ちょっと、立ち止まって耳を澄ませてみてくださいね。見つけたらワクワクしてきますよ。

To Kana
From Yuka

ずっと続いている関係

かなちゃん、「ちいさい秋みつけた」の歌詞は、心が透き通っていくような、繊細な美しい秋の詩ですね。私は小さい頃から歌が好きでした。「ちいさい秋みつけた」も「まっかな秋」も大好きでよく歌っていたなあ、と懐かしく思い出しました。かなちゃんが書いていた「ずっと続いている」関係と、「ちょっと立ち止まって耳を澄ませ」ること、その深まりについて私も書きたいと思います。

私にとって「ずっと続いている関係」で第一に思い浮かぶのは、二〇二四年に銀婚式を迎えた夫との関係です。しかし、それよりもっと続いているのは、職場のクリスチャンの上司との関係なのです。もう三十年弱になるでしょうか。その方は私が就職した宣教団体の同じ部署の女性上司でした。私の結婚のために祈ってくださり、今も毎日私の家族のために祈ってくださっています。

私も彼女のために日々祈ります。今は遠方でお一人で暮らしておられる八十代のその方を、年に一度は訪問して共に祈り合っています。何か困ったことや祈ってほしいことがあると、メールや電話で一番にその方にお知らせし、祈っていただきます。その方が祈って

くださっていると思うだけで、えも言われぬ安心感があるのです。

彼女の素晴らしいと思うところは、すぐに感謝するところです。「祈っていただいたあのこと、こんなふうに解決しました！」と連絡すると、我がことのように喜んで、「これから感謝のお祈りをしますね」とメールが返ってきます。祈って終わりではなく、祈ったことに神様がどのように応えてくださったかをきちんと受け取るその姿は、「立ち止まって耳を澄ませ」ることだと思いました。祈り続けていると、祈りのアンテナの受信精度が増すというのか、「あ、これは祈りの応えだ！」と受け取る柔らかな心が育っていくように思います。

彼女からとりなしの祈りを教えてもらってから、私も年下の方々のために祈るようになりました。ある方々とは定期的に会い、お互いの祈りの課題を交換し、祈り合います。会えない時も日々覚えて祈ります。上司と私から始まった祈りのつながりが、広がり深まっていきます。「ちいさい秋みつけた」、それは少し寂しいような、もの悲しいような、そんな心持ちの時かもしれません。はたまた実りの秋を体験して、収穫に心躍る喜びの時かもしれませんね。

いずれにせよ、秋の季節に立ち止まり、神様の声に耳を澄ませることで、心も透き通っていくような祈りの深まりを経験していきたいです。

To Yuka
From Kana

神が願われるものを受け取る

裕香ちゃん、三十年近くも続いている女性上司の方との関係の中で祈りが深まり広がっていく様子にとても感動しました。

裕香ちゃん言っていましたね。「祈り続けていると『祈りの応えだ！』と受け取る柔らかな心が育っていく……」と。私も祈りについて書いてみたいと思います。

私は英語とゴスペルを教える仕事を長年しています。この二つは私が願って始めたのではありません。

独身の時、ＹＭＣＡ※で子どもに英語を教えていました。ある時、保護者の方から「あなたの教え方は下手だ」とクレームがきました。長文の手紙を読んでとてもショックを受けました。二度と英語講師はしない、と決心しました。

その後結婚して長男が五歳の時でした。近所のママ友から強引なお願いをされました。

「英語教室の先生とのトラブルで子どもを辞めさせてしまったの。でも高額な教材がもったいないから代わりに教えて。自治会の集会所、来月予約しておいたから」

「えっ、来月から？　予約って……」

※ YMCA…Young Men's Christian Associationのる略。イギリスで誕生した教育、国際交流などの事業展開をする非営利団体

びっくりしたのですが、「ノー」と言うのが苦手な私は断れず、その教材を使って教え始めました。

ちょうど同じ頃、教会で子どもの英語を教えていた外国人の先生が都合で辞められたのです。夫にクラスを継続してほしいと頼まれました。こちらも引き受けてしまいました。

一九九〇年代、日本ではゴスペルが大ブームになっていました。夫も乗せられて？　教会でゴスペルをしたいと言い出しました。私は反対したのですが、彼は広告を出してメンバーを募集しました。すると、なんと一般の方が四十人も集まったのです。

慌てた夫は私に丸投げしてきました。

私は、教会の中で聖歌隊を作りたくてアメリカで教会音楽を勉強しました。教会外で教えるのは想定外。それに三人目を出産したばかりでした。でも困っている夫を見るに見かねて何とかしようと思い、ベビーカーに赤ちゃんを乗せてクラスをスタートさせました。大勢の人を前にした時、私は足がすくんでしまったのを覚えています。

あれから二十五年が経ちました。英語は今も同じ集会所と教会で多くの子どもたちに教えています。ゴスペルの指導は他教会から依頼されるようになりました。そして何と今これが、私のライフワークになっているのです。

元々は願った仕事ではありませんでした。何度も辞めようと思ったことがありました。今日まで続けてこられたのは奇跡のように感じています。

この体験を通して私の祈りも変わりました。自分の計画と違ったりできないと思っても、お願いされた時は、すぐに答えを出さないようにしました。「もしかしたら神様が声をかけておられるかもしれない」と考え、心を開いてみます。そして手探りしながらできることから始めてみます。すると助けてくれる人との出会いが与えられたりするのです。神様が備えてくださった働きだなと確信できる出来事が次々と起こってきます。祈りを通して神様への信頼が強まっていくのを感じました。

二〇二一年に、夫が祈りの本[※]を出版しました。その中の一説です。

「キリスト者の祈りとは、願ったものを手に入れるための手段ではなく、神が私たちに願っていてくださるものを受け取ることができるように、私たちの信仰を養い育てるものなのです」

神様は私の心を祈りを通して耕し柔らかくしてくださったのでしょうね。色とりどりの働きの実りをこれからも楽しんでいきたいです。

ところで話が変わりますが、以前女性リトリートで「新しい名前をつけること」について話してましたよね。実は先日、父が母に新しい名前をつけたと言ってきました。そのエピソードを伝える前に、セミナーの内容をもう一度詳しく説明してもらえますか？

※『イエスの心で祈る「主の祈り」』（いのちのことば社）

To Kana-san
From Yuka

新しい名前をつける

「すぐに答えを出さない」、「祈りによって心が耕され、柔らかくなる」というかなちゃんの祈りの深まりについて共感を覚え、「祈りは人を大人にする」という、神学校の元校長先生のことばを思い出しました。のぶさんが言うように、祈りは「私たちの信仰を養い育て」ますね。

さて、ご質問のリトリートでの「新しい名前をつけること」とは、元々は拙著『神に愛された女性たち——西洋名画と読む聖書』（教文館）の「サラ」の章に書いたものです。サライがサラに、アブラムがアブラハムに、サウロがパウロに改名したように、「神様があなたに新しい名前を与えてくださるとしたら、どんな名前だと思いますか」ということを書きました。聖書では名はその人の本質を表すものです。

この章は読者からの反響も大きく、この本をテキストに毎月私が教会で司会をしている親子の読書会でも、また講師として招かれたセミナーでも、「新しい名前」を参加者に考えてもらい分かち合ったことがありました。そもそも、以前私が参加したセミナーで、講師がこの問いをして、私自身も自分の新しい名前を考えたことがあったのです。

私の名前は「裕香」です。クリスチャンになる前の両親が字画を占ってもらってつけた名前でした。周りは「○○子」という名前の友達が多く、「私も子がつく名前だったらよかったのに」とずっと思っていました。それが、イエス様に出会ってから「裕」はゆたか、という意味で、「香」は黙示録では祈りの意味(黙示録5章8節参照)だと知り、「私はゆたかに祈る人なのだ!」と自分の名前を新たにとらえ直すことができ、今では大好きな名前になりました。二〇二三年の女性ミニストリーワーカーリトリートでも、まず自分で考え、その後グループで分かち合ってもらいましたよね。最初はとまどっていた方々も、最後はグループで楽しそうにしている姿が印象的でした。

「悦」という字が入っている方が、「私の新しい名前はJOYです!」と宣言され、周りから歓声が上がっていました。また、「朋」という字が入った方は、「月が二つ並んでいるのはあり得ないけれど、あなたは神様にあってそのような奇跡のような存在ですね、と言われたことがあったのを思い出しました。そして月が月に寄り添うように、私は誰かに寄り添う存在なんです」とうれしそうに語られました。

その後、リトリートの参加者二人と私で、「新しい名前」についてより深く話す時がありました。一人の方が、「自分の新しい名前を考えるよりも、私はどんなふうに呼ばれたいか、ということがわかったの」と話し出しました。○○さんや○○先生ではなく、○○ちゃんと呼んでほしいそうです。そのような視点はとても新鮮に感じ、また素直な彼女の心の声を聴けて、心からうれしく思いました。

私はマグダラのマリアが復活のイエス様に出会った時に、「マリア」「ラボニ」と呼び合う箇所を思い出しました。きっとその方も○○ちゃんと呼ばれた時に、本来の自分に戻れるような愛の響きを感じるのかもしれませんね。その後は私を含めもう一人の方も彼女をちゃん付けで呼んでいます。年を重ねると、なかなか○○ちゃん呼びをされなくなってくるので、貴重な交わりなのです。

私自身も、セミナー後に新たな気づきがありました。セミナーの感想を娘に話すと、「裕の字の右側の谷のつくりが、お母さんが目尻を下げて笑っている顔に見えるよ。お母さんの本質はいつも笑って楽しそうなイメージ」と言ってくれました。私は怒ったり泣いたり不機嫌になったりも多いのですが、そんなふうに見てくれていたのか、とうれし泣きをしてしまいました。

その後娘と二人で漢字の成り立ちも調べると、「裕」にはゆったりしている、心が広く受け入れるさま、「香」には美しいという意味がありました。自分の呑気な天然な姿は、人にいじられやすくて嫌だなと思っていましたが、その姿は人が寄ってきやすく、美しいのだ、天然もいいものだと初めて思えました。かなちゃんのご両親が考えた「新しい名前」についても教えてもらえますか？

To Yuka
From Kana

私らしさに出会う

裕香ちゃんの「裕」には、ゆったりしているという意味があるのですね。裕香ちゃんの雰囲気をかもし出していますね。名前って不思議……。

私も天然キャラです。「大阪ではいじられたら喜ばないと」と夫から言われても、結婚当初はそれが嫌でした。今は天然キャラの自分を受け入れることができて、とても楽になりました。

リトリートの中で裕香ちゃんから「新しい名前を考えてみよう」とおすすめがありましたが、しばらく何も思いつきませんでした。発表する時になって、やっと思い浮かんだのが、母の名前「美古都《みこと》」でした。小学生の頃、ひらがな表記の「かな」が物足りなくて親に漢字に変えてほしいとねだっていました。美しい古い都、美古都。綺麗な漢字と響きがうらやましかったのでしょう。

最近、両親と会った時、父が母に新しい名前をつけた、と私にうれしそうに話してくれました。

父が母に新しい名前をつけていたとは、びっくりです。

母はどう思っているのか、気になって尋ねると、「うれしい！　とても幸せ……」と、明るい声がかえってきました。そんなに？　と思ったものです。

父がいきさつを詳しく説明してくれました。

きっかけは、二人で黙想のリトリートに出かけた時のこと。父は母と出会った頃の印象を思い出していました。ふと思いついたのが、聖書の中でアブラムが妻サライを神に命じられて、新しい名前で呼んだ場面でした。父は、母にもしてみることにしたのです。

性格や特徴を英語で並べてみました。スピリチュアルのS、エバンジェリスト（伝道者）のE、ラブリーのL、アスリートのA、社交的（social）のS、ユニークな特質もあるのでU。並べて、「Selusa（セルーサ）」になりました。名前を口にするたびに、今までの感謝も数えることができて、心の健康によいビタミン剤になっているそうです。

母は、「セルーサ」と呼ばれるとうれしくて、「そうなんだ、頑張ろう」と元気になれると笑顔で話してくれました。

「あなたもお母さんのS（社交性）を引き継いでいるよ、コミュニケーション力の高さとか」と、父が私のことも言ったのです。

「そうなの？」

意外でした。どちらかというと目立つのが好きではない父に似ている、と思っていたからです。

「美古都」という名前に惹かれていたのは、漢字の良い響きだからではない、天真爛漫でポジティブな性格に憧れがあったのかもしれない。社交的のSを継いでいると言われてうれしくなりました。

おっちょこちょいなところは小さい頃から変わっていない。天然のままでいいから、私の存在が、楽しい空気を少しでも周りに作れていたなら、それだけでうれしいと思いました。

新しい名前を考える時、今までの歩みを振り返ることができますね。目に見えないけれども、豊かなレガシーを感じることができます。

人生の秋、誰かに喜んでもらうために「私らしさ」が生かされることが、実はいちばん幸せなのかもしれないなあ。「私らしさ」に出会うとは、親から引き継いだ内面の遺産を見いだしていくことによっても可能なのかもしれないですね。

夫婦で、人生の振り返りと新しい名前をつけること、やってみたいと思います。

リアル座談会

「人生の四季」、今はどこ？　パート1

重…大嶋重徳
か…豊田かな
裕…大嶋裕香

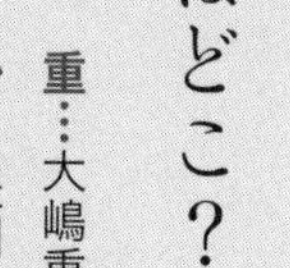

「みんなに元気になってもらいたい！」をコンセプトに牧師の大嶋重徳氏がパーソナリティを務めるWEB番組「What The Pastors!!」（太平洋放送協会（PBA））。毎回ゲストを迎え、本音トークが繰り広げられています。二〇二一年五月十七日放送の回では大嶋裕香、豊田かな両氏がゲストで「人生の四季」について語り合いました。

夏の終わらせ方、秋の過ごし方

重　みなさんこんにちは。「What The Pastors!!」大嶋重徳です。今日はこのお二人に来ていただきました。

か 豊田かなです。

裕 大嶋裕香です。

重 ということで、今回お二人は沖縄に何をしに来たんでしょうか。

裕 のぶさん（豊田信行師）が主催の、牧師夫妻で集まってのリトリートに参加するために来ました。四、五十代の牧師夫妻で、これから人生、四十代五十代を迎えるにあたっての自分自身や夫・妻のケアの仕方など、みんなで分かち合うっていうもので、すごく楽しみにしていました。

重 事前に、参加家族何組かでオンラインでのミーティングもやりましたね。

裕 そうなんですよね。

重 結構おもしろかったのが、牧師人生の二、三十代は、牧師の務めのために、勉強しなければいけないことを片っ端から身につけ続けてきたけれど、今度は四、五十代になってその身につけてきたものをどのように用いるか、という話になりました。第二の人生を始める準備を今からしないといけない。多くの人がリタイアしてから第二の人生って考えるけれど、リタイアしてからの第二の人生は、すぐ終わってしまうことをのぶさんが言いました。そして五十代くらいから第二の人生を始める準備をしなければ、あれも足りない、これも足りない、と思ってしまう。あるいは、三、四十代では、一生懸命学び、自分のもっているものをお金と時間を含めてささげ、いつも外に出して、それでも悪くも言われたり、っていうストレスが溜まってきている。その結果五十代を過ぎた頃に「中年の危機」を迎えてしまうという話だったよね。

か はい、そんな話でしたね。

重 そして、五十代牧師たちのスキャンダルとか、夫婦が壊れたり、家族が壊れたりっていうことが起こってくる。そこをちゃんとケアしようねっていうのが、今回のリトリートの目的の一つなんですよね。

裕 体調も変わってくると思うんですよ。たとえば更年期だったり。それは男性も女性もあるし、あとは家族のステージが変わると思うんですよね。四十代後半~五十代っていうのは、親の介護が始まったりとか、あとは子どもが巣立っていく頃。喪失感を覚え、心身の不調を感じるようになる頃ですね。

裕 うちの子どもは大学四年生と二年生になりました。

重 かなさんのところは？

か 長男と次男がちょうど東京に出て行って。長男が二十七歳。次男が二十四歳で、三番目が二十歳。あと二年したら三番目もね……。

重 夫婦二人の世界？

か 二人の世界。

重 ちょっとうれしい？

か　ちょっとね（笑）。
裕　かなちゃんは子が巣立つ寂しさとか、そういうのがあんまりないって言っていたけれど……。
か　うん、あんまり感じない。
裕　実はほら、のぶさんのほうが喪失感があるっていうのを聞いた。
か　うん、なんだかすごく寂しそうで……。
重　息子三人が家にいないことが寂しいって。
か　（今はまだ）二人がいないことが寂しい。
重　あと最後ね。三男くんが。
か　そう、まだ三男がいるけど……。
重　三男が出ていくことを考えたら……。
か　たぶん気持ちとしては毎日（出ていった息子に）電話したいと思っていると思うんだよね。
裕　すごいね。細やかよね、そういうところが。
か　細やかじゃなくて……。
裕　寂しがり？
か・裕　（笑）。

重　でもそういうふうに、第二の人生へステージが変わってくるよね。
か　変わってくる。
重　その第二の人生に変わっていく時に、豊田夫妻はどんな準備をしてきたのですか？
か　のぶさんが言っていたことで、「夏」を引き延ばしすぎると、よくないよという話があったと思います。
重　まずは、人生を「春」と「夏」と「秋」と「冬」の四つのシーズンに分けることができるという話だよね。「春」は何歳から何歳くらいまでですか？
か　「春」は、小学校から高校。
重　二十歳くらいまで？
か　二十歳ちょっと前くらいかな。
裕　思春期くらいかな。
重　そして、「夏」が？
か　「夏」は、十八歳くらいからずっと。
重　何歳まで？
か　そこは何歳までって、自分でどう思うかにもよりますよね。
重　かなさん今、夏ですか？
か　私は秋です。

重…大嶋重徳　裕…大嶋裕香　か…豊田かな

重 もう秋に入りました？
か はい、秋に入りました。
重 裕香はまだ夏でしょ？
裕 晩夏、夏の終わりじゃない？
か 晩夏！ いいね、晩夏。
裕 ね。あ、でも秋ちょっと踏み込んでるかなぁ。秋に入っている先輩の背中を見ている感じかな。
重 だからその秋をどのように、何歳で迎えるかがこのリトリートでもテーマだったわけですよね。「まだ夏だと思ってませんか？ もう秋始まってますよ！ 晩夏じゃないです、初秋です」っていうぐらいの意識が必要なんじゃないかっていうね。
か そうじゃないと、人生の冬にすぐ入ってしまう。そうすると、一番人生で楽しい秋を、ゆっくりと実りを楽しめないから。
重 今まで種を蒔いて、育ってきた実りの秋には刈り取りがあるでしょう。
か 刈り取りがあって。
重 おいしいもの食べて。
裕 それが喜びじゃない？ 刈り取り。
か 刈り取りが喜びでしょう。自分で味わってそれを人に分けるのも楽しいですよね。一緒に共有するのが楽しいと思うの。

重　これ採れたんだよ！　食べて～！　って言って。

か　おいしいね～って言って。

裕　秋になると育ってきた果実をいっぱい配るのが嬉しいもんね（笑）。

か　それのために春・夏があったわけでしょう？

重　なるほど。

か　（秋が）やっと来ているはずなのに、それに気づかないで、夏を引き延ばしすぎてないかっていうチェックを私たちがする時期が四十代なんだと思う。本当はもう四十代でも夏を終了したほうがいいかもしれないじゃないですか。

重　四十代は本当は秋来てますよ。二、三十代で夏は頑張ったよね。草取りもした。水やりもした。

か　すごい成長してね。

重　成長してぐいぐい伸びた。伸びていないようにも見える時もあるけれど、せっかく頑張った時期を、「まだ刈り取りじゃない」、「まだ刈り取りじゃない」って言ってたら、うわ！　もう冬来た、ってなってしまう。

か　もう喜びの季節が全部終わっていてね……。

重　で、それで言うと、かなさんはもう今、（ちゃんと）秋を過ごしているように見えます

重…大嶋重徳　裕…大嶋裕香　か…豊田かな

よね。

か 私は秋を過ごしているし、どんどんいろんな実がなって、それを楽しんで、それを分け与える、ご近所さんに配っている。喜んでくれているのを楽しんでいる、っていう気分に入りつつあって。でも明日は何が実るのかなとか、ちょっと果樹園を周りながら、これも実ってきたっていうのを、お！って発見をしているような感覚。それをどなたにお配りしようかって、喜んでいる人の顔を思い浮かべながら、明日は誰に配ろうかなって。それは祈りながら……、でも神様がね、示してくださると。

重 おもしろいですね。だから逆に言うと秋は配る時期。冬はどうですか？

か 冬ね！冬はどうするんだろう。

重 冬は「私が配らなければ！」って思っていたから、「もう配るのはあの人たち」と、託していく季節かもしれないですね。

か あ〜、なるほど！

裕 冬はじゃあ何してるの？

か 冬は暖炉でちょっと……。

裕 こたつ？

か こたつか暖炉で。

裕 みかん？

か・裕　（笑）。

重　冬は、秋の季節を生きている人たちが届けてくれるものを感謝していただくのだと思う。

裕　あ、じゃあ、これみかんですって。

重　秋の人に言われて。

裕　採れましたよって、持ってきてもらったみかんを……。

重　「ありがとう」って受け取りやすい人になることが大切なんだと思います。「いいえ結構です」と拒んだり、「まだ自分で収穫できます」と言ったりしないで。

か　うわぁ、素晴らしい！

裕　それ素敵！

か　それはいい！

裕　私ね、かわいいおばあちゃんになりたいのね。

重・か　うん（笑）。

裕　ちょっとまたぶっこんできたなって思うかもしれないけれど（笑）。私の冬のイメージはかわいいおばあちゃんなの。

重　だから、あのずっと「自分で配りたかった！」っていう裕香おばあちゃんが、今度は助けてもらいやすい人になるっていうか。

か　でもなんか、たぶんかわいいおばあちゃんってみんなから話しかけられやすい。

裕　そうそう！

か　ステラおばさん？　ステラおばさんはおばさんやん？（笑）。

重　でもさ、かなさん夫婦はなんでその人生の四つのシーズンで考えようって思ったの？　だって、ほとんどの多くの牧師は、あるいはほとんどの多くの日本人の五十代は、まだみんな夏ですよ。その気づきはさ、どこで考えたの？　夫婦でどんなふうな話して？

か　私、その話を聞いた時に……。

重　のぶさんから？

か　のぶさんから聞いた時に思い出したのは、前に言った「ボックス」に入れた話……。

重　「ボックスに入れた」っていうのは、かなさんが、（人生の）春から夏の時期に、「本当は夏になったらこんなのをしたい」って思ってアメリカ行って、ゴスペル、教会音楽の勉強した。で、いよいよ夏、「それをやりに日本に帰ってきたの」ってなったらのぶさんと結婚してしまった。そしたら、のぶさんから「あんた、そんなんせんでええて。それはあんたのすることちゃうで」、と言われたわけですよね（笑）。

か　その通り（笑）。

重　「かなちゃんはちょっとよそ行って仕事しといて」、みたいな。

か　「（おれの）サポートして」、みたいな。

重　それで、かなさんの「ボックス」に自分のもっていた願いは入れておいた。入れて、その夏を歩んできた。かなさんの夏は教会やいろんなミニストリー、のぶさんとの夫婦生活、子育てもあった。それでいよいよ秋を迎えます、っていうのがかなさんのボックスの話と季節の話ですよね。

か　聖書の登場人物、モーセって荒野をずっと歩んできて、最後羊を飼って八十歳でしょ？あの「芝から声が……」って、ちょうど秋かなって思います。頑張って羊を飼っている。それもなんかちょっと通じるところがあって。私八十歳じゃないけれど。

重　うん、モーセのセカンドステージがあそこで始まったんじゃないの。

か　違うかもしれないけれど……私のイメージだからね。

重　イメージね。そういう意味ではモーセのやりたいことは一旦、若手の時、「誰がお前をさばきつかさにした！」っていっていろんなことにくじけました。そして羊を飼う仕事をしました。

か　だって羊を飼う仕事……、全然違うことをしてたわけでしょう。

重　でもモーセも秋が来ました。それで？

か　それでイスラエルの民と出エジプトをするところが秋。

重　うーん、なるほど。この秋のスタートは、夫婦ではじめるのですか？

か　夫婦で？

重　夫が「僕はまだ夏やってるんだ！」とか。あるいは、妻が「私もう秋なのに、夫はまだ夏だと言ってるんです」とか、そういうパターンもあるかもしれないでしょ。ありうる。確かに。

重　我が家は、裕香が甲状腺の病気になりました。ある日突然寝込み始めて。起き上がってこない。

裕　もうほんとに戸惑ってたもんね。

重　笑顔でニコニコ、家事もやってくれる妻が、突如寝てるっていうことは、僕にとってはすごい戸惑いだった。

か　戸惑いだったね。

重　え、もうそういう感じでこれからずっと自分たち夫婦はいくのかな、と思ったのよね。それは、だって妻と生きるってもう誓約したから。いろんなことを、俺はあれもやりたい、これもやりたいって思っていたことも、ちょっと脇に置かなければいけないかもと思うと……。

か　神様が強制終了される……夏を強制終了される時もあるかなと思って。その時に、何これ、神様なんでこんな、これからっていう時に、いや夏を強制終了しただけで、(なぜ)秋が始まるんだよっていう思いになる。

重　ここからあなたの秋が始まるんだよって。

か　そういうメッセージじゃないかなっていうのも感じて。今から子どもたちいなくなって、「さあ！」と思ってる時に介護が始まったっていう友達が私の周りにもすごく多くて。

重　親の介護ね。

か　親の介護。それも、夏を強制終了させられたってことかも。で、秋始まったよってサインかもしれない、っていうふうに考えると、ちょっと見方が変わる。

重　かなさんのご両親は今歳おいくつ？

か　八十歳になりました。

重　二人とも同い年？

か　一つ違い。

重　うちも、もう七十代後半。その親をこの後どうやって天国に送っていくのか、あるいは看取っていくのか、っていう大仕事も秋の仕事の中には入っているし。あるいは、子どもが就職し、結婚し、あるいは孫が生まれる、っていうことも神様がゆるされたらそういうことも起こりうるかもしれないし。そういう秋に入るために、特に女性はどんなことをしたらいいのかな。

裕　私、今聞いてて思ったんだけど、たとえば親の介護だったり、子どもの巣立っていくことだったり、私の周りに結構先輩がいるんですよ。五歳、十歳上の先輩がいたりとか、かなちゃんも私の前を歩いてくれている人だし。やっぱり私の両親も元気なんだけど弱ってきたし、介護ってことも考えなきゃいけないという時に、「こういう状態なんですけど、ちょっと聞いてくれる？」って言って、一緒に秋の始まりを歩いてくれるそういう先輩や友達が周りにいることが私にとってはとても大きいんだよね。

たとえば子どもが巣立っていきます、就職します、結婚します、という先輩が結構周りにいるし、私が子どもを実際に送り出していく時に、「どうでしたか？　寂しかったですか？」ってことをなんでも言えて、そのために祈ってくれる、その秋を一緒に歩んでくれる人とのお交わりがすごく大きいと思った。それが今度このリトリートで牧師夫妻として何でも言い合えて、そしてこの交わりとして一緒に秋を歩んでくれる人たちがいてくれるってだけで、すごく心強いことだなって。

重　しかもこの秋は喪失だけじゃなくって、こんなふうに楽しそうに生きていけるんだっていうことをわかちあってくれる交わりがあればそこで魅力ある人生の秋を感じることができる。

裕　それは、一緒に秋を喜べることだよね。

か　でも、この視点を秋なんだよって見ることで、ちょっとしたことが、自分の触覚にピッピッピッて反応していくんだと思います。本を書くことも……。

重　かなさんがこの間、短編小説を応募して……。

裕　で、受賞されたのね！

か　もともとのきっかけは、この番組ＷＴＰ‼で「あれ、かなさんも小さい頃から本を読んでたんだね」っていうしげさんのことばで触覚にピピっときて。「そうだ、私本好きだった！」って思い出した。

重　小さい頃、かなさんちはテレビ見られなかったからね。

か　ですね。

裕　娯楽が、本だったのね。

重　本読むしかなかったのはうちもだ。

か　そう！　娯楽が本。で、私すごく本が好きだった子どもの頃を思い出して、こんな楽しかったじゃんって。ある時、テレビ見ていると、主婦で小説家になった人がインタビューを受けていて。また触覚にピピって反応して、文章を学ぶ学校がないかすぐ検索して、小説のクラスに通い始めました。それで小説を書き出したわけで。

重　それってさ、きっかけの番組から行動まで半年ぐらいですか？

か　半年ぐらいかな。学校に行き始めたのが去年の六月。

裕　課題があるんだよね、締め切りがあって。

か　そう課題があって。

裕　「エッセイ書いてきなさい」とか「短編小説書いてきなさい」とかでしょ。結構それはメールで言ってたよね。「締め切りなの〜」とか。

か 私、長いこと自分の楽しみ（書くことなど）をちょっと押し殺していたようなところがあったんです。

裕 そこもボックスに入れていたんですね。

か たぶん入れていたのかな。それから、裕香ちゃんに今おもしろい小説ちょっと紹介してって。で、しげさん今こんなん読んでるよって教えてくれて。

裕 そうそう！　私たちが今読んでいる本をシェアして。

か 楽しいじゃん！って。もう小説楽しい！って思って書き出したんだけど、全然書けなくって。「これは紀行文ですか」とか先生に言われたり、怒られながら書いていたんだけど、人生の四季っていうことを題材にした時だけ先生が「文章未熟だけどこれは僕ちょっと心打たれましたね」って一言だけ言われて。で、他の生徒さんからもちょくちょく「あれはどんな本？」って。架空の本にしているんだけど、「夏を引き延ばしすぎると冬を迎える」っていう文章を入れて。

重 今言ったテーマを小説の中に！

か 設定で入れました。「強制終了させられたお母さん」を。

重 夏を強制終了させられたお母さんと……。

か 夏を行くと思っていたのに事件が起こって、でも、いや行ったらいいんだって思った主人公と、その娘の話をからませて書いた本。この短編が二月にある賞をとったんですね。文章はまだたぶん未熟だけど、聞いたことない着眼点っていうところがたぶん選考委員の人の目に入ったんだろうなと思います。

重　でもその聞いたことがない着眼点が、夫婦の中でもうすでに話していたんですね。「私らの人生の夏そろそろ終わりだな。秋入る準備しような」としゃべっていたことが、かなさんがちょうど開けた箱の中の、本好きだった文章書くの好きだったというのとつながって、秋の始まりにいいスタートを迎える気づきになったのですね。

か　書いているってことは、自分の今の経験を文字としてシェアしていろんな人に実を味わってもらっているっていうことだなと思います。ある人にはすごい励ましになるし、ある人にはそうなんだって、目が開かれるって意味での実りを自分でも見ながら楽しめるんじゃないかなっていうのは今感じています。

（WEB番組「What The Pastors!!」Ⓒ太平洋放送協会（PBA）2022年5月17日 公開）

2章 これからの私たち

人生の春と夏を経て――連続する季節

大嶋裕香

人生の春が、生まれてから二十歳前後まで、夏が二十代から三十代、四十代。秋が五十代、六十代。冬が七十代から召されるまで、と定義したとします。私の春や夏はどうだったのか、今秋を迎えようとし、冬はどうなっていくのか、そのようなことをこの章では記したいと思います。

人生の春

私にとって、春は暗い季節でした。六歳下に弟が、十二歳下に妹が生まれたあとは、母は下のきょうだいたちにかかりきりで忙しそうでした。長女の私は母の相談相手として、またきょうだいの中では、何でもいちばん初めに体験していかなければならず、「お姉ちゃんなんだから、しっかりしなければ」と自分を鼓舞して生きていました。

しかし本当のところは何事にも自信がもてず、特に中学時代に親友との関係がぎくしゃくしたことがありました。それから人間関係にも失望し、また自分自身にも失望しました。

私が関わると「人間関係にまた失敗してしまうのではないか」と恐れ、次第に無口になっていきました。そして、高校時代は最低限の友達しか作らず、授業をさぼっては映画館に好きな映画を見に行ったり、学校行事をさぼっては、空き教室でひとり音楽を聴いたりしていました。

強がっていましたが、本当はとてもむなしかったのです。生きている意味もわからず、教会からも離れました。そんな私でしたが大学受験をきっかけに不眠になり、その生活がつらくて、再び家族が通う教会に細々と行くようになりました。

久しぶりに礼拝に出た時、涙が止まりませんでした。求道を始め、イエス・キリストを私の救い主と告白しました。その時、「もう自分の人生を自分で生きなくていい、キリストがすべて責任をとってくださる」ということに心底ほっとしました。大学入学後、十八歳で洗礼を受けました。春の終わりのことです。

人生の夏

こうして夏が始まりましたが、就職もうまく行かず、結婚を約束していた人とも破局しました。やっとのことで導かれた就職先は、キリスト教の宣教団体でした。そこで祈っていただきながら、数年前に出会っていた学生時代の夫と再会し、結婚に導かれました。

私は以前の彼との別れを経験したのち、男性不信になっていました。「結婚したくない、結婚できない、仕事に生きてやる！」と思っていましたが、夫と再会してからは少しずつ男性不信も癒《い》やされ、二年半の交際後、結婚しました。もう二度と人のことを好きになれない、と思っていた私にとって、この結婚は奇跡でした。「この人は神様からの賜《たまわ》り物だから、大事にしよう」と心から思えました。それが二十五歳の時です。

自由な姿

新婚の時、人生の冬の先輩が講師をされたセミナーに夫婦で参加した際、「あなたの自由な姿はなんですか？天国では何をしていると思いますか？」と問われました。私は、私の自由な姿は「祈る」ことと「喜ぶ」ことだと思いました。一人で祈り、また人と祈り合う時に喜びと自由を感じます。次に夫の自由な姿を考えました。すると、温泉につかっている姿が浮かんだので、こっそり隣の夫に「温泉に入っている時かなあ？」とささやいてみました。すると、「それは俺が好きなことやろ！」とつっこみが入りました。「そうでなくて、俺の自由な姿を考えるんだよ。天国でしていること」

しばらく考えた後、「あなたは、天国に行ったら子どもたちに絵本を描いていると思う」と私が答えると、夫の顔がどんどんほころんできました。彼が眉間にしわを寄せている顔が思い浮かんだので、「あなたはほうっておくと、いつも何かを考えているから。あなたの自由な姿は『考える』ではないの？」と答えました。

夫ははっと何かに気づいたようでした。「実を言うと、自分の自由な姿がわからなかったんだ。でも、裕香のことばを聞いて、小さい頃いじめられて帰った学校の帰り道に、よく空想していたことを思い出したよ。自分で物語を空想し、それで心を癒やしていた。それが大人になって説教者になった時に聖書のことばを考え、物語るということにつながっていたんだね」と彼はとてもうれしそうでした。

「ねえ、じゃあ私の自由な姿ってなんだと思う?」と問うと、「それは『祈り』だね。そして『笑っていること』。『喜ぶこと』」。私の答えとぴったり合ったので、とてもうれしかったのを思い出します。

こうして自分ではわからなくても他者から見てもらって、自分の自由な姿、自分の独自の姿である神様の造られたユニークネス、賜物を知ることもできたのです。この「自由な姿」は変わっていくこともあります。私たち夫婦が、若いカップルの結婚カウンセリングをする時には、互いに「自分の自由な姿、伴侶の自由な姿」を考えてもらいます。そして自分も相手も自由になっていくことを助け合うように促しています。そこで夫が「裕香の自由な姿は『整えること』もあるよね。人を迎えて、交わりを整えることを自然にやっているると思うよ」と言ってくれたことは、うれしくも感謝な発見でした。

このように自分の自由な姿を知った夏の時期は、伝道者の夫と共に爆走した時期でもありました。子どもも二歳違いで二人生まれ、子育てに必死になりながら、年間百人から二百人ほどの学生たちやお客様を家に迎えました。とても充実していましたが息子を出産後、三十代から重い月経前症候群（ＰＭＳ）に悩むようになりました。また四十八歳の時、甲状腺機能亢進症が発覚。動悸、息切れ、手の震え、血圧と心拍の上昇など、一か月半寝たきりになりました。私はこの時、死を覚悟しました。就寝中も何度も心臓が止まるのではないかと思いましたが、目覚めた時にまだ生かされていることに安堵し、「これからの人生は余生なのでは」と思うようになりました。そして、「私の今後の人生を、神様が求めるように生きていきたい」と願いました。私の人生の夏は病と共にありました。

人生の秋

今五十代になって人生の秋を迎えるにあたり、私の秋のイメージが暗いイメージであることに気づきました。もともと秋という季節が苦手でした。物悲しくなるからです。暗い冬にまっしぐらに進んでいくようなイメージがありました。いわば「寂しい、物悲しい」など、古典の秋のイメージです。それが、かなちゃんと話してみると、「実りの秋」「収穫の秋」など、明るいイメージなのにとても驚きました。

よく考えてみると、「芸術の秋」や「読書の秋」「スポーツの秋」「食欲の秋」など、素晴らしい季節なのに……。私の秋のイメージはどこからきているのでしょうか。春の時期に読みまくった古典文学作品からなのもかもしれません。

この本の表紙デザインのモチーフを考えていた時も、かなちゃんは「人生の秋を楽しんで、前に進んでいくイメージ」を話しましたが、私が思い浮かぶことは「秋風に舞う落ち葉」とか「寒そうな街路樹」など、物悲しいイメージばかりが浮かんできました。

その秋の始まりに、数組の牧師夫婦でリトリートをすることになりました。かなちゃんの夫のぶさんがリードしてくれて、賜物について考えるセッションがありました。「あなたの賜物は何か？　子どもの頃に喜んで自分をささげた経験を考えてみて」と問われました。

あなたの賜物は何？

ここで「子どもの頃に喜んで自分をささげた経験」と、「子どもの頃」と限定しているのは、大人になると、「こんなことをして褒められたい」などの欲求が出てくるからだそうです。そうではなく、純粋な気持ちとして自分をささげた経験、ということが重要なのです。

このセッションを導いてくれたのぶさんも、子どもの頃のエピソードを分かち合ってくれました。子どもの頃外で遊んでいた時に、あるおばあさんから道を聞かれ、駅まで案内したのだそうです。遅くに帰宅し、家族から「そんなに遠いところまで道案内したのか？」と驚かれた。しかし、迷っている人を目的地まで案内することは、自分にとって全く苦ではなかった。自分には「人生の道案内をする、ガイドするという賜物がある」と分かち合ってくれました。現にのぶさんは、道に迷ったような、何が賜物でこれから何をすべきなのかわからない牧師夫婦たちの道先案内人のように、リトリートをリードしてくれていました。

新しい発見

この質問をじっくりと私は考えてみました。すると私の賜物は「小さな子どもと一緒にいること」だと思い浮かんできました。そして同時に六歳下の弟、十二歳下の妹がいた私は、弟や妹の面倒を見ていたことが自分の喜びだったのだと気づいたのです。大学生の時など、母に代わって妹の幼稚園のお迎えにすすんで行ったりしていました。

母教会では教会学校教師の奉仕をし、夏季修養会では大人の集会中、子どもたちを集めては、自主的に遊ばせていました。鬼ごっこやかくれんぼ、カードゲームもしました。その時に多くの保護者たちから「裕香ちゃん、いつもありがとうね。うちの子と遊んでくれて」と感謝された光景がよみがえってきました。

またもう一つ思い浮かんだのは、「料理」です。作ることも食べることも好きで、物心ついた時からいつも母の隣について料理の手伝いをしていました。自分の作ったもので誰かが喜んでくれるということが私の喜びでした。

また小学生の時に友達がうちに遊びに来た際、帰り際にお土産を渡していたことも思い出しました。それはその時クラスで流行っていた折り紙やシール交換に使えるようなささやかなものでしたが。私は「自分のものを分ける」ということにも喜びを感じる子だったのだ、と気づきました。大人になっても、人を招くのが大好きですし、お土産やプレゼントを渡すのが無常の喜びです。その人のことを思ってプレゼントを選ぶ時間がうれしいのです。

連続していた人生の季節

それまで家族の中で、長女の自分ばかり損をしていたのではないか、割を食っていたのではないかと思っていた私は、年の離れた弟妹がいたからこそ、子どもと一緒に生きることが今でも喜びなのだ、ということに初めて気づきました。また母の横で料理を手伝っていたことが、夫と一緒に多くの学生やお客様を迎えることにつながっていたこともわかりました。

また人生の夏の時期、私は病気と共に歩んできましたが、この夏の期間にも、神様は私に感謝な気づきを与えてくださいました。甲状腺の病により、あまりにも胸が苦しく、心臓をはじめ循環器の検査を何度もしました。すると循環器の医師が私の心臓エコーを見ながら、「少し斜めについているけれど、あなたの心臓はとても綺麗ですよ」と言われました。私はその時想像してみました。少し曲がった位置に斜めについている私の心臓を。それが脈打って、全身に血液を送っている。そのように創造された神様を思い、またユニークな私の心臓が愛おしく思えてきました。人とは少し違っているけれど、そのような形に設計し、今もこの心臓を動かしてくださっている神様の愛が伝わってきたのです。神様は私を創造された時からいつも今でも私と共にいてくださり、連続した季節の中で働いておられることを感じました。

人生の春が次の夏をつくり、夏が次の秋をつくり、秋が冬をつくります。春の時から与えられた賜物を生かして、夏の時期に汗をかきながら必死に取り組んだことは決して無駄にはならず、神様が秋に実をならせてくださる。私の寂しい物悲しい秋のイメージは、実りの秋のイメージへと変わろうとしています。そしてそのことに気づけたのは、共に季節を歩んでくれた夫や友や先輩たちに寄り添ってもらい、教えてもらったからです。

秋を迎え、冬を見据える

人生の秋の収穫を考える五十代を迎え、今考えていることは子育てが終わり、牧師の妻として、また市の主任児童委員として小さな子どもたちと生きるということです。子どもたちの家庭を訪問し、預かり保育をしたり、不登校の子どもたちの登校支援をしたりしています。

また夏にがむしゃらにしてきた経験を通して、今は若い神学生たちや教会スタッフたちに毎週ご飯を出して、彼らを夏の時期に送りだすことに寄り添っています。そして、これからもかなちゃんはじめ秋を歩む人生の先輩たちと過ごしながら、冬を迎える準備もしていきたいと思います。

冬を迎えたとしても

四十代半ばで牧師の妻になってよかったことは、冬を感謝して生きる人生の先輩の姿を見られることです。人生の最終盤を迎える信仰者たちを天に送り出す夫のそばで、その姿を見ています。冬の時期になると、春や夏、秋の時期にできた奉仕もできなくなります。やがて私も小さな子どもと一緒に時間を過ごすこともできなくなり、お料理もままならない時もくるのだと思います。しかしそれらのことも神の手の中にあって、感謝して生きることはできると、教会の大先輩たちから教えられています。

ただその中で期待していることは、私に与えられた賜物の「祈ること、喜ぶこと、分かち合うこと」は人生の最終版の冬にもできることです。連続する季節の中で、いつまでもできることを神様は賜物として与えてくださったのです。

あなたが幼い時に喜んで自分をささげた経験は何でしょうか。あなたは天国で何をしていると思いますか。生まれてから天国に行くまで、私たちの人生はつながっています。そして、神様があなたに与えられたあなたの特別なユニークな賜物はなんでしょうか。

神様があなたの人生に計画をもっておられ、これからも神様の優しい眼差しの中で、連続する季節を歩んでいっていただきたいと思います。

あなたの今の季節が、また次の季節を生み出します。その季節が、私にとってもあなたにとっても、神様から頂いた実り豊かな素晴らしい季節であることを祈ります。

秋の深まりに生きること

豊田かな

これから結婚するカップルのための学びを担当することがあります。アメリカの神学校で学んだこと、私自身の経験をまじえながらお話しします。良い夫婦関係を築くための境界線、身体のケアの大切さ、経済設計。最後に、人生の五つの目的（身体・霊的・感情・職業・研鑽）を説明します。人生を季節にたとえてそれら五つを適応することも勧めています。

数年前ですが、学びに来られた真さんと莉奈さん（仮名）とこんなやりとりがありました。

私「真さん、莉奈さん、結婚したら二人で夏を生きていくことになるけれど、どんなイメージもっているかな？」

莉奈「楽しいこともあるのですが、忙しくなるイメージがあります」

私「大きな変化に対応していかないといけないとか？」

莉奈「彼は仕事が忙しいので、健康が心配になります。バランスのいい食事を用意して、睡眠がしっかり取れるように環境を整えてあげたいです」
私　「とてもいいことね」
莉奈「子どもができたら、子育てを優先して、時間ができたら本を書いてみたいです」
私　「わあ、素敵な願い！」
莉奈「本を読むのが好きで。ＳＮＳに本の感想を書いていたのです。今はやめているのですけど」
私　「その夢は一旦『願いのボックス』に入れる感じなのかな」
莉奈「はい、子どもが大きくなったらやりたいです」
私　「でも、夏の季節にできることもあるかもよ。たとえば、ブログで発信するとか」
真　「それ、僕も読んでみたいな」
莉奈「そうなの？　やってみようかな」
真　「僕は仕事以外に何が願いなのかわからないので……考えていきます」
私　「夫婦として、またひとりひとりが、自分の人生を自立して歩むこと。将来、実り豊かな季節が来た時、お互いの実りを分かち合い楽しむことができると思うよ」
真　「夏の季節を歩むとは、具体的にどうしたらいいですか？」
私　「興味あることは小さな一歩でいいからやってみるとか」
莉奈「でも、やっぱり時間がないような気がします」

私「そうね、男性は仕事で人生の季節を感じやすい。定年があるから、それに向けて研鑽を積むことができる。でも女性はどうしても受け身になりやすいと思う」
莉奈「夫の仕事に合わせないといけない場合もありますよね。転勤とか」
私「女性の生き方、ロールモデルを見つけにくいこともあるかな……」
梨奈「それもあるような気がします」
私「人生の夏を思い出しながら話してみますね」

人生の夏にしてよかったこと

振り返ってみてまず考えに浮かんだのが、基礎体力をつけておいてよかったことです。小さな頃から運動は得意だったのですが持久力がありませんでした。小学高学年の時、血液検査でひっかかり、長時間の運動を禁止されました。病名は忘れてしまいましたが、回復力が極めて遅く、疲れやすい体質だったようです。

結婚した頃のことです。すぐに「疲れた」と言う私に夫はとても不安になり――牧師の妻として支えてくれないと思ったのでしょうか――無理やりスポーツクラブに入会させられました（笑）。子どもが小さい時は、「僕が見ておくから」と言って、ジムに行くよう励ましてくれました。実際は、半ば強制的な命令、家を追い出されました。（あくまで私の個人的感覚です）

三十代に入った頃、近所のママさんに誘われてバレーボールを始めました。ところが、はじめのウオーミングアップ（コートを二週走る）だけで息切れしてフラフラです。四十代の先輩ママさんはそのあと二時間練習しても平気な顔をしています。私はなんて体力がないのだろう、これは大変だ。危機感を覚えたのでジムを続けることにしました。

今、同年代の方と比べて体力があるほうだと思います。「とても忙しいのによく元気にやっていけるね」と言われることが多いです。きっと、二十代から三十代の時に基礎体力をつけることができたからだと思います。疲れた、とすぐにソファーに横になっていた私がこんなに元気でポジティブな気持ちになれているのはそのおかげです。

散歩やウオーキングでもいいと思います。お二人も、続けられるものを見つけてくださいね。

次に、小さなチャレンジをしてみることをお勧めします。

結婚したころ教会は二十名ほどの集まりでした。ユースのためにコンサート伝道をしたいと思いました。でも、ベースやドラムなどの楽器もなく、演奏できる人もいませんでした。夫が音楽ソフトでカラオケを作ったら、と提案してくれました。その頃の私は（今もですが）誰にも負けないほどコンピューター音痴でした。「クラウド上」で、と言われただけでパニック。実際のファイルのように目に見えないし、データーはどこに行った？と右往左往。とても無理だと思いました。

しかし、彼がプライベートで教えてくれる人を探して学ぶように勧めてくれました。いえ、半強制的に言われました（個人的見解です）。

講師の方は若い女性でした。教会でコンサートをしたい希望を伝えると、「その願い、ぜひ実現させましょう」と言って、私にもわかるように丁寧に教えて助けてくださいました。賛美のカラオケをパソコンの音楽ソフトで三曲完成させることができました。

コンサート当日、私を含めた二十代の三人がハモって歌い、素敵なコンサートが実現しました。

アメリカの神学校では教会音楽を学んだのですが、ドラムやベースを本格的に勉強する機会はありませんでした。でもこの時に、リズムセクションを作る技法を教えていただいたので、今の音楽活動にとても役立っています。

コンピューターは今も得意ではありませんが、最近、元々好きだった絵を描きたくなりました。道具を揃えるのは大変です。でもiPadのアプリを使ったら簡単に描けることを知りました。近くでワークショップが開催される案内を見つけ、迷わずにすぐ申し込みました。若い時の成功体験があったから、苦手な分野だけれども、「やってみよう」と、トライできたのだと思います。

年齢を重ねても挑戦をしてみる。新たな可能性を発見できます。若い時には、勇気をもって知らない世界に踏み出してみてくださいね。

最後に、人から何か頼まれた時、これは神様からのお願いかもしれない、と思ってみることです。

現在私は、英語と数学の塾を運営しています。でも、これはやりたいと思って始めたことではありません。むしろ、絶対しない、と誓っていた仕事なのです。

独身の時、英語を教える仕事をしていました。生徒の保護者から、長文の手紙が私宛に届きました。教え方が下手、発音も悪く子どもに悪影響が出ている、と。抗議文でした。あまりのショックで、英語を教えるのが恐ろしくなりました。「二度と英語を教えない」と固く決心しました。

ところがです。長男が三歳の頃、教会で親子英語を教えてくださっていた外国人の先生が一年余りでやめられてしまいました。

「近所の方が集まってこられたのに、もったいない、あなたが後を続けて」と夫から頼まれました。

「それだけは無理！　悪夢がよみがえる」と、心の中で抵抗しました。

しかし、しばらくして聖書のことばが迫ってきました。

「小さなことに忠実な人は、大きなことにも忠実」（ルカの福音書16章10節）

何度も心に響いてきました。これはもしかしたら神様からお願いされているのかもしれない。勇気を出して、踏み出してみよう。神様の声に応答してみよう。

あれから二十五年以上経ちました。小さな働きがだんだん大きな働きに広がっていきました。

きっかけは神様からのお願いかもしれない、と思って引き受けたことから始まったのです。

もちろん、何が神様からのお願いか、初めからわからない場合が多いです。今まで続けてこられたのは、神様から託されたお仕事、私に託してもらった賜物のおかげなのでしょうね。賜物に出会うためにも、興味がない、苦手意識を横に置いて、少し祈って考えてみてください。

「望まない環境こそ、得られるものがある気がします。誰かのために使った時間は、かけがえのない経験です」（藤井英子著『ほどよく忘れて生きていく』サンマーク出版）

夏の終わりの過ごし方（人生の秋の準備）

四十歳を超えた頃です。アメリカで親しかった同級生の友人が看護大学に入学したことをfacebookで知りました。

学生の時、初見でバッハの曲を弾いてしまうほど音楽の才能にあふれた彼女。結婚も長男の出産もお互い時期が近く、遠くて会えないけれど「お互い元気で頑張っているよね」

と勝手に同志のように思っていました。三人目を出産してそんなに時間が経っていなかったはずです。てっきり音楽の才能を活かしてキャリアを積んでいると思い込んでいました。でも、以前と全く違う分野の勉強を新たに始めたなんて。そんな人生の選択肢があるのだ、という衝撃と驚きでした。

「下の子どもはまだ小さいのでしょう?」「母親がそばにいてあげないといけないいちばん大切な時期よ」「将来子どもにお金がかかってくるのに、自分のために使ってもいいの?どうするの、子どもが大学行けなかったら」

日本だったらそんな声が聞こえてきそうです。

彼女の変化を見て、自分の人生を考え始めました。このままでいいのかな……。

私はこの考える時間を「願いのアップデート」と名づけています。

若い時に与えられた「教会を賛美で満たしたい」というビジョン。とても熱い思いでした。夢中になって勉強し、賛美が広がっていくための働きは私の生きがいでした。

この願いを白紙に戻してみました。いいえ、ちょっと横に置いて、新たに与えられた願いがないのか、考え始めました。

人生の秋に向けて、何がやりたいのだろう、私の何が生かされて、与えていけるのだろう。

願いをアップデートするまでには、しばらく時間がかかりました。その期間していたことをいくつか紹介します。

①「いつか……」でなく「今する」

これは結婚した時に年配の女性の方から励ましていただいたことばです。

「かなさん、今忙しいでしょう。子どもさんも小さいし、自分の時間もお金もない。やりたいことはもっと先、って思うよね。でも違うの。私の年になって、さあやろうと思っても、体力と気力がなくなっているのよ。いつか、でなく今やる！」

貴重なアドバイスをいただいた人生の夏は、私なりにチャレンジしたり実践したりしてきたつもりでした。しかし、人生の秋を迎えると、より強いメッセージとして心に迫ってきました。

気になった人がいたら、自分からアポを取ってみる。会いに行ってみる。活動のグループに参加してみるようにしました。そうすると、その中でときどき、自分の触覚に、ピピッと反応する時がありました。たぶん、ワクワクした瞬間なんでしょうね。そこから自分の願いの正体を知るヒントを得られることがありました。

②時間を忘れて打ち込めることは何だろう

「何がしたい？」と聞いても「わからない……」との返事がよくあります。自分は何をしたいのかわからなくなっている。自分の願いを後回しにしているのかもしれませんね。「子どもが元気だったらそれで幸せ……」。もちろん基本はそうなのですが、神様が私に願っておられること、私が生かされている目的があれば知りたいですよね。

子どもの頃に夢中になった出来事を、思い出してみるのはいいですよ。本や映画はどんなテーマが好きだったか。自分でも気づいていなかった才能が発掘されるかも。ワクワクしながらできることが見つかるかもしれません。物作りが好きなのか、人と話すのが好きだったのか。誰かを助けてあげた記憶が鮮明に残っていたりすることもあります。

③新しいことを始めてみる

まだまだ人生の秋に向かっていく道を絞りきれていないかもしれません。トライ&エラーをくりかえしながら探っていきます。

急にチャンスのドアが開かれて道が現れた、などと期待してしまいそうですが、実際は、そんなことは多くはないような気がします。「これだ」と確信するには、受け身ではなく、能動的に動くことが大事な気がします。人と語り合いながら自分の願いが強まっていくこともあると思います。

④何をやめるか考える

これは人生の秋への準備を始めていくことにつながっていきます。時間的にも、クリエイティブになれるスペースができるからです。今あるものを手放していくためには、勇気がいります。子どもが巣立っていき、親としての負担が少なくなることによって生まれるスペースもあります。

この点については夫婦で話し合うことがありました。長年続けていたことを辞めるのは寂しさが伴います。しかし、神様の働かれるスペースを作ることになるのだ、と考えたら、期待に変わりました。

⑤賜物のアップデート

「人生の夏」に英語やゴスペルを教えていたので、私の賜物は「音楽」と「教えること」、だと思っていました。それは今も変わらず活かしていきたいです。

昨年から、クリスチャン経営者が開いておられる起業塾に入り、運営する塾の経営理念について考える時がありました。私は自分の強みと理念が関係していると思い、聞き取り調査をしてみました。生徒、保護者、友達から、「塾に来てよかったこと」「私（豊田かな）の特徴は何？」など質問しました。その中で、「人と人をつなげる人だと思う」というコメントがあったのです。そういえば、確かにそうです。話を聞いていると、すぐ「あの人にこれを紹介してあげよう、知り合いになったら何かが始まるかも……」と考えています。「自分の子どもを自律させてくれた」という回答もありました。「安心感があった」と感謝のことばもいただきました。改めて、「自分の強み」を含めた自分らしさが誰かのためになる、役に立てていることがうれしくなりました。

アイデンティティ

最後に「神の子であるアイデンティティ」についてお話しさせてください。

小学二年生の時です。学校で悲しいことがあり、家に帰り、縁側に座って泣いていました。苦しくて思わず叫びました。

「助けて、神様、助けて……」

しばらくくり返していたと思います。その時、温かいものにフワッと包まれた感覚がしました。「あ、神様だ」とわかった瞬間でした。私が何かアピールしなくても、立派でなくてもいい。ただ神の子としているだけで守ってくださる、一緒に喜んだり、泣いてくださる。

小学生の頃、宿題をしないといけないのに消しゴムがなくてパニックになりました。今のようにコンビニはありません。宿題をしなかったら廊下に立たされる、半泣きになりながら必死で家中を探したのに見つかりません。疲れ果てて座り込んでしまいました。その時です。ハッとしました。あ、お祈りしよう。一言お祈りしました。目を開けると、ノートの端にあるではないですか。なーんだ、もっと早くお願いしたらよかった。

神様は小さな消しゴムのお祈りも聞いてくださるお方。

私の神様イメージはこの時から変わっていません。思い通りにいかないことが続くと、二年生の私に戻ってみます。いつも同じ感覚になります。

「恵みが　私を追って来る」（詩篇23篇6節）というみことばは、いつも私のことが気になって仕方がない、天のお父さまの姿と重なるのです。

人生の季節は移り変わります。環境も変わります。でも、神の子とされていることは変わりません。これが、私の生きていくための堅固な岩、土台になっています。

リアル座談会

「人生の四季」、今はどこ？　パート2

重…大嶋重徳
か…豊田かな
裕…大嶋裕香

夫の秋、夫婦の秋

重　女性から見て、男性たちがうまく秋を始めるためには、何を気をつけたらいいと思いますか？　自分は、ずーっと走ってきたと思っていて、今から、自分は、上手く秋を始められるかなと考えると、なんか難しいなと思う。夏のほうが自分はまだまだなんですと「謙遜」できる。

裕　「まだ実り（の時期）はきてないんです」ってこと？

重　うん。「まだ僕なんて」と言えるほうがいい。事実、一生勉強は続けるし、でも……実りの秋を生きるって、なんていうのかな……、「もう十分、夏は生きました」って思われそうで（笑）。「君は、まだ夏のくせに秋ぶるな」みたいな。そういう教会にある体育会系的な、「まだまだおまえの秋は先だぞ」っていう空気の中で、たぶん男性のほうが秋に入るのが下手だと思います。

か 男性のほうが自己開示しない……、いや、しないっていうより、するのが難しいからね。

重 なぜそこで「自己開示」が出てくるのですか？

か 自分が思い描いていた五十代はこうで、でもこうはなっていません、とは言えない。たとえば、会社員の人だったら、順調に昇進していたら今頃部長だったけれど、そうはなれていない、とか。

重 女性はそれがしやすくて、男性ができないというのはなぜですか？

か 男性はそういうことをシェアしにくいでしょ？

重 「自己開示」ってワードが急に出てきたのは、自己開示をしないと秋は迎えられないのだろうか。

か やっぱりそれは正直にならないと、自分のことを隠してるかぎり、「まだ夏を頑張ろう、いや自分はこんなんではない、もっといけるはず」となってしまうのではないかな。四十歳ぐらいの（男性たちが）、「あれ、四十代の自分は仕事もプライベートもこのくらいできて、これくらいのレベルまで行っていたはずやのに、実際は行けていない」みたいな現実にぶつかることってあると思う。自分に少しがっかりしていて……。それは妻が横で見ていてもたぶん感じることですよね。会社勤めだったらわかりにくいかもしれないけれど、もしそれを正直に言えたらいいのかな、と。

重 男性はいつも心の中で言い訳をしているのかもしれません。「だって、今年の夏寒かったから!」とか、秋になっても、「自分がまだまだ働かないと誰がやってくれるというのか?」と、勝手に思っている。

裕 でも横にいる人がいちばん知っているし、わかっているのよね。

重 男性のほうも自分の人生の秋の収穫が思ったものではなかったことはわかっている。だけど、(男は) 自分からそれを言えない。

裕 プライドとかもあるだろうしね。

重 そして、他の農家では、寒い夏のほうがよく育つ品種を育てていたり、他の作物を作って豊作だったり。あいつら上手くやったな、と言いながら、「だけどおれは秋がまだ来てないから。結果は出てない」と言い訳をする。「まだ」の時期を引き延ばそうとする。だけど秋に入るには、自分の人生の夏は……」って正直に言う「自己開示」が男性は下手だから、夏を引き延ばしがちなんじゃないか、ということですね。

か そうかなって思います。

重 それ (自己開示) に必要なのは、友人……、あと夫婦か?

か 自分自身に対して開示していない、自分を見つめられていない、気づいていないっていう男性も多いじゃないですか。

重　だから「リトリート」のような場所が必要なんだよね。

か　男性はそこで気づくだけでもいいかなと。

重　気づきをもたないままずっと走っているから自己理解が必要……。

裕　だからその、リトリートの場に行くってだけでも違うと思う、たぶん。

か　そういう人が身近にいるだけでも他の男性も気づくんじゃないですかね。これ以上夏を引き延ばすとすぐ冬行っちゃうかもよ、っていうふうに言っただけでも、あぁなるほどってわかったって。そっか！ってすぐ気づいたから。リトリートはそういうコンセプトだと思います。

重　男性にとっては、リトリートによってちょっと立ち止まって意識的に時間を確保することがまず大切。そしてリトリートは、「今、夏の終わりちゃんと迎えていますか」と自分に問いかける時間になる。答えはすぐにわからなくていいから、問いをちゃんと手に入れることでも十分ですよね。なぜならその問いの答えは、一人一人の置かれてきた場所、生き方が違うので、その問いに正解は絶対ないですよね。今回のリトリートの中でも、のぶさんがいくつか質問を用意してくれていて。そういう質問の前に立ち止まるって時間は、特に男性は意識しないと難しいのかもしれないですよね。

か　このあいだＮＨＫの番組でおもしろいことを言っていて。生理学的にも女性は更年期は本当に大変でしょ。でも乗り越えると、幸せホルモンはちゃんと分泌されるんだって。そこのバランスが崩れると、分泌されるものがないんだけど。だから女性は上手に乗り切ったら上がっていく。男性はそれがないから、更年期と思われる状況を乗り越えても平坦なままなんだって。逆にそこを上手く乗り越えないと今度はどんどん下に行ってしまうから、女性よりも大変なの。そういう意味でも男性のほうが自分自身を、そういう問いを通して見つめる機会っていうのはあったらいいんじゃないかな。夫婦としてもそれはお互いに楽になっていくし。

重　神学校で、「伝道者とはこうあるべきだ」、「牧師とはこうあるべきだ」っていうことを学んでその学びで得たフレームに自分を合わせにいったわけです。それは牧師という務めとしては必要な時間でした。けれども、他にも神様がそれぞれの人生に与えてくださった特別でユニークな独自性のある賜物も一方であるわけです。本当は、それも人生の秋でいよいよ実を結び、そしてその自分自身の特別で、神様に呼び出された生き方を大切にできたらいいよね。

か　そうですね。

重　でも、一方でそれとは違った、比較とも違う、神様が与えてくださった持ち味や、賜物の発見というのが、秋に向かっていくためには必要な問いなのかもしれないなって思っています。

か　神様が願いを与えてくださるって聖書には書かれているけれど、自分の願いと神様からの願いって見分けがつかないことってないですか？　たとえば私が小説書きたいって思っていいのかって。

重　かなさんの心のなかで、「私みたいなものが」って思っていて、さらに書いたら書いたで自宅に帰ったら、家族がすぐに「豊田かな先生がいらっしゃいました」みたいな……。いじってくるでしょ。

か　そうなんですよ！

重　息子さんも、「ここでじゃあ一言ご挨拶を」って言ったら、のぶさんが「足元の悪いなか……」とか言って、もういじってくるでしょ。だからもう、「私みたいなものが」って、自分で自分を止めにかかってしまうところがあるっていうか。

か　そうです！　だから、夫でさえ反対するかもしれないじゃないですか。小説書くこと反対されてますからね。

重　昔、のぶさんは「おれより前に出るな」と反対してたよね。

裕　あとリビングで書いてたらね、書きにくいとかね（笑）。

か　なんか冷たいというか……「もうそろそろやめるでしょ」みたいな圧をかけてくるわけじゃないですか。私の願いの声と、反対している夫からの声とがあると、自分の勝手な願いなのかって思ってしまう。私みたいな願いをもっている人はいないと思っていたし、その願いがいかにもスピリチュアルな、信仰的なものだったらわかりやすいんだけど。
重「小説書きたいって、何のミニストリーになるの？」って？
か そうそう。なんの道につながんの？って。
重 小説書いたとこで人救われんのか？　みたいなことをのぶさんは言いそうじゃないですか。
か それは言ってないけど、圧は感じた（笑）。
重 確かにのぶさん、二十代だったら言ってたと思う。
か あぁ、確かに。
重 だいぶ成熟したから……のぶさんも（笑）。
か それで、賞とった途端、コロッと変わって（笑）。
重 賞をとったらコロッと変わったの？
か やっぱり賞は、神様が夫を変えるために与えてくれたような気がします（笑）。自由になるために与えてくれたのかなと思っているんですけれど。だから、高ぶっているのか、自分の個人の願いなのかどうなのかってところがわからないで、迷う人もいると思うけれど、まぁやってみる。とりあえず。
重 なので、「自分がやりたかったことを人生の秋にこそみんなもやってみたら」ってことですか？

か とりあえず一歩やってみる。一歩行けたら、神様が行きなさいよって背中を押してくださっているかもともう少し進む。ちょっと違うと思ったらやめてもいいし、ぐらい。やっぱり神様が与えた願いは消えないなと思う。これはやっぱり神様から来た願いだっていうのはやっていきながら確信に変わることもあるし。どう実になるかわからないけれど、楽しめたらいいかな、と。

重 だから、四十代五十代で、「おれ、子どもの頃、何を願っていたっけ」「何をするのがいちばん楽しかったかな」っていう人生の第二ステージを、もう一回そこに立ち戻っていくことができたら、今度は人生の秋でちょっと未経験のものが始まったとしても、ちゃんと卑屈にならず……。

か 人と比べることなく……。

重 人と比べることなく受け止めて、そして秋をちゃんと生きていけるんじゃないのかな。神様はなぜ、春と夏、あんなしんどいことをさせたのだろうかと思っていたけれど、秋を迎えてつながってくる。

か つながってくるんじゃないかな。

重 点と点が線になっていくような発見！

か それって楽しいから、エンジョイできるじゃない、秋をね。

裕 なんかさ、夏ってさ、がむしゃらじゃない。
重・か がむしゃら。
裕 がむしゃらだよね。汗かきながら。
重 だって、この番組聞いてる若手牧師夫婦とか、きっとがむしゃらよ。でも、このかなさん、裕香の二人は余裕こいてるように見えるわけ。
裕 そんなことないよね！
か それはない！
重 でも、がむしゃらだった？
裕 がむしゃらだよね！　もう記憶ないもん、大変すぎて、いろいろ。
重 まあそうだよ、おれもがむしゃらにやってきた。
か 大変さを話し出したら止まらないよね。
裕 だけど、だからこそ、秋ってちょっと立ち止まれるのかもしれないよね。あと、そんなに体力ないからがむしゃらにもできないし（笑）。休み休みやっていく？
か 強制終了ね。
裕 しげさんが結婚セミナーの時に夫婦の成熟って話をよくするんだけど、自分たちの夫婦を振り返って、これからやっぱり成熟に向かっていくっていうね。
重 「成長」じゃないと。

裕 成長じゃない、熟していくんだっていうのを聞いて、私、とってもそれがいいなって。熟したフルーツっていちばんおいしいじゃない。
か「フルーツフル」ね。
重 そう、「フルーツフル」。前にのぶさんが言っていたけれど。
裕 それはね、私感動したんだよね。成長していくんじゃなくて、伸びていくんじゃないんだけど、熟していく。それはやっぱり個人個人にも与えられているし、夫婦にも与えられているし。
か 私今、小説書くとか派手なこと言ったけれど、みんな別に一人一人に願いがあって、それがその人の中で喜びになれば大きいことであって。
裕 でもさ、さっきの賜物って話じゃないけれど、「あなたこういう賜物あるんじゃない？」って、人から言われたことでハッと気づくこともあるじゃない？
か それはね、あると思う。自分でわかんないからね。
重 ということで、お時間がきました。リスナーのみなさん、感想などもぜひ教えてください。第二の人生……人生の秋を迎える、だぶん二十代リスナーからすると、何言うてんのって思っているかもしれませんが、実は自分の親の世代だったりするかもしれないから、自分の親の世代がちゃんとした秋を迎えるために、サポートできることみたいなのもしかしたらあるかもしれないし、自分の親が冬を迎えるために、夏世代はどんなことをまた考えていくのか、ぜひ送ってください。

（WEB番組「What The Pastors!!」Ⓒ太平洋放送協会（PBA）2022年5月17日公開）

重…大嶋重徳　裕…大嶋裕香　か…豊田かな

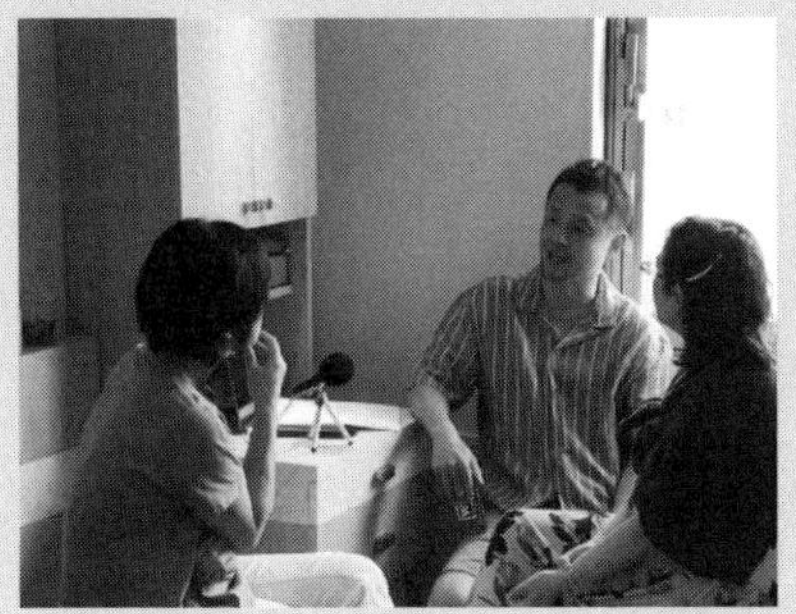

ただいま、「What The Pastors!!」収録中！

3章

妻と夫の往復書簡

——大嶋夫婦

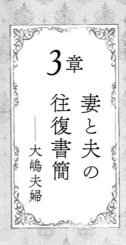

To Yuka
From Shigenori

あなたに会えて

あなた（裕香）が昨年五十歳になり、僕も追いかけるように今年五十歳になります。出会ったのは僕が十九歳の時でした。その頃はお互いにおつき合いをしている人がいて、励まし合っていましたね。そんな二人が結婚をするなんて、あの頃は考えてもいませんでした。

振り返って幸せな三十年でした。でもいろんなことがありましたね。

僕たちにとっていちばん大きなテーマはＰＭＳ※問題でした。あの優しかった裕香が突如、鉄仮面のような顔になり、事あるごとに夫婦喧嘩へと突入していきました。それでも何とか「裕香が悪いんじゃない。ホルモンのせいだ！」と言いつつ、乗り越えてきたよね。

しかし三年前に発症した甲状腺ホルモン異常は、本当に参りました。最高血圧が二百近くになり、脈拍も百二十を超えた時、あなたを失うのではないかとうろたえました。

自宅に帰れてからも、あなたはずっと寝込んだままで、僕は寝たきりの裕香を見ているのがつらくて、牧師室に閉じこもってしまいました。あの時優しくできなかったことを今も後悔しています。

※ PMS…Premenstrual Syndrome の略。月経前症候群。月経前に続く精神的、身体的な症状

あの病気の後に、あなたが「しげちゃん。私の人生は幸せだったよ」と言ってくれたことを覚えていますか。僕もあなたに出会えて、ずっと幸せでした。そして楽しかった。

神様が与えてくれた結婚が、どれほど豊かに三位一体の神の愛を教えてくれるのかを、あなたとの結婚で僕は知りました。神様の愛は、理屈や理論や教えではないことを、あなたを通して教わりました。神様の愛は温かくて、ぬくもりのある柔らかなものだと知ることができました。

二人が五十代に入るタイミングでこの新しい本が出ることをうれしく思っています。あなたが活躍することは、僕にとってとてもうれしいことです。これまで僕の学生伝道の仕事の都合や子育てなど、裕香のもつ賜物が生かされることを、ずいぶんじゃましてきたのではないかと思います。

あなたはこれから何がやりたいですか。あと聞くのが怖いけれど、なかなか言えなかったことは何かありますか？　教えてください。

To Shigenori
From Yuka

神様からの贈り物

しげちゃん、こうして銀婚式の年に夫婦で往復書簡できるなんて、最高にうれしいです。

思えば、出会いは三十年前なのね。あっという間でしたね。あなたはずっと変わらないよ。白髪も皺も増えたけれど、ずっと素敵だし、ずっと優しくしてくれて、ありがとう。

私はイエス・キリストを信じて幸せな人生だったし、幸せな結婚生活です。甲状腺機能亢進症の時もそうだったけれど、四十代になってから、私の左胸に腫瘍が見つかったでしょう？ 細胞検査の結果は良性だったけれど、大きくなると切除しなければならず、いまだ経過観察中です。細胞診の結果前も「ああ、本当にいい人生だった」とあなたに言ったことも覚えていますか？

私だけのことを考えたら、「いい人生だったし、天国に行けるから、いつ召されてもいい」と心から思ったけれど、まだ当時中学生だった子どもたちのことや、心配して出張先から泣きながら電話をかけてきたあなたのことを思ったら、「まだ生きていないといけない」と思い返しました。

いつも最高の味方になってくれて、自分のことのように私を心配してくれるあなたとの出会いは、神様からのプレゼントで賜り物です。あなたは私の賜物です。

あなたの質問にある、なかなか言えなかったことというか、くわしく聞いてこなかったことは、キリスト者学生会総主事になる前のサバティカルのことです。あの時、あなたは最初、休み方がわからなくて、次第に怒りっぽくなっていったでしょう？　あの時のことをくわしく教えてほしいんです。男性にも更年期があるし、人生の秋の時期の過ごし方について気をつけていることがあれば、教えてください。

最後に、私がこれからやりたいことは、これまでの延長だけど、文科系としては美術館に行ったり着物を着たりすること。スポーツ系としてはあなたとゴルフをしたり、ランニングを続けたりすること、かな。

そして、ピンクの似合うかわいいおばあちゃんになることが夢です！　だから、これからもピンクのスポーツウェアを買ってね。私はカタチから入るタイプだから！（笑）

To Yuka
From Shigenori

評価されない自分に向き合って

裕香の質問は、ちょうど四十二歳の頃だったと思います。長く働いていたキリスト者学生会で総主事になることが決まりました。職場の規定により、総主事を始める前に三か月の休みを取らなければならなかったのです。

しかし二十二歳から走り続け、休むことも止まることもしてこなかった自分の脳と身体は、急に「休みを取るように」と言われても、立ち止まることのできない回遊魚のようでした。

特に最初の一か月は、朝目覚めて「何をしようか」と戸惑いました。「メールの返信もしてはいけない」と言われ、パソコンを開くことも控えていたら、突然、家の中が散らかっているように思えてきたのです。

そして「どうしてこんなに家が片づいていないのか」と腹が立ってきて、キッチン周りを磨き始め、お鍋の一つ一つを磨こうとしました。出かけていた裕香が帰ってきて、驚いて「何をしているの?」と聞いてきた時、「なんで片づいていないんだ」と怒鳴ったことを覚えています。

そして裕香はこう言いました。「あなたはずっと家を空けて、私と子どもたちはあなたが不在の間、自分たちのペースを作ってきたの。急に家にいるからといって、そんな言い方しないで」

これまで「何かをしている自分」「何かを達成した自分」を自分で認めてきたのだと気づきました。何もしない自分は無能で無力で評価されないような気がして、鍋を磨き始めたのだと思います。裕香に認められたかったのかもしれません。思うと、少し早い男性の更年期のスタートだったと思います。

今五十歳を前にして、体力が落ちてきました。三十代四十代の頃の寝ないでも若者たちと過ごせたあの頃の自分はもういません。

これからは自分の人生の引き出しに何かを入れることよりも、引き出しに入っているものを整理して、それを後輩たちに配っていくことを大切にしたいと思います。

そして、もっと遊び上手な牧師になりたいと思います。何かができなくても、神様の前で伸びやかに、自由に楽しく、神様に備えられた人生をリラックスして生きることが、これからの人生の目標です。

裕香もピンクの似合うおばあちゃんになるまで、長生きで健康でいてください。

To Shigenori
From Yuka

お父さんはいたよ！

しげちゃん、サバティカルの時の怒りをくわしく説明してくれて、ありがとう。あの時はとても困惑したし、心配しました。ずっと走り続けていて、休み方がわからない私たちだったと思います。

あなたは外部奉仕が多く、年間三分の一は泊まりで家にいなかったから、ほぼワンオペで子ども二人を育ててきたと思っていました。私はあなたがいない中、子どもたちとの生活を保つのに必死でした。

オーストラリアでの単身での学びに送り出した一年間も、大変すぎてその時期の記憶がほぼありません。キリスト者学生会の退職感謝会の時に、子どもたちに聞いたことがありましたよね。「お父さん、家にいなくて寂しかった？」と。そうしたら、二人とも「お父さんは家にいたよ！」と答えたから、びっくりしてしまいました。そして、「神様のあわれみだ！」とまず感謝しました。だって、あなたは本当に家にいなかったのですよ。

でも忙しい仕事の最中でも、子どもたちの運動会や受験など、「ここぞ」の時には帰ってきて、また仕事に舞い戻るという感じでしたね。幼い子どもたちと体を使ってたくさん

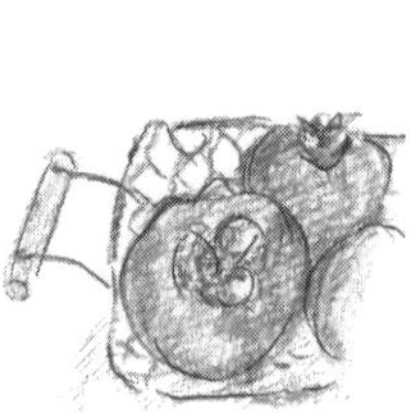

遊んでいたし、怒ると怖かったけれど「おもしろいお父さん」でいてくれました。

それから毎日していた家庭礼拝。あなたがいない時も必ずお父さんの席を作って、三人でお祈りしていました。オーストラリアに行った時も、毎日朝は夫婦で、夜は家族四人で、ビデオ通話で顔を合わせる時間をもっていたことも大きかったと思います。

私はあなたと祈る時間が最高に幸せです。昨年、娘が就職で家を出て、今年息子が留学で家を出ていき、ついに二人の生活になりましたね。私はなんだか寂しくて、猫を飼いたくなっています。新しい夫婦のステージになりますが、出かける時は短くてもハグして、お祈りしていきたいと思っています。

ああ、そうそう。先日パーソナルカラー診断というものをしてもらいました。すると私はピンクが似合うことが判明したのです。グレイヘアも似合うタイプだそうです。これで白髪が増えても大丈夫！　共に仲良く年をとっていきましょうね。人生の冬も楽しみです。

4章

妻と夫の往復書簡

——豊田夫婦

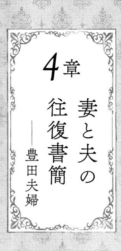

To Nobuyuki
From **Kana**

久々の手紙

のぶさん、手紙を書くのは交際していた時以来ですね。のぶさんは一人暮らしで電話なし。携帯もない時代なので、手紙を書くしか連絡を取る方法がなかったのですよね。書いても返事がこないし、二か月に一回しか会えないから結構フラストレーションが溜まったのを覚えています。でも今から考えると貴重な時間でしたね。あの手紙、どこかに残っているかな。

ところで質問です。私が人生の秋や、願いボックスの話をする機会が増えてきましたが、のぶさんは私のようすをどう思っていましたか？　人生の秋が始まる頃の私は、少し自己中心かと思うくらい、自分のことばかり考えていたかもしれないですね。いろいろ犠牲にしてきたように感じた人生の夏の反動かな？　そのためか、私の行動に対する、のぶさんの感情や反応にあまり気づいていなかったようです。今回、いい機会ですね。

『夫婦となる旅路』（豊田信行著、いのちのことば社）では妻からの反論？　みたいな最終章を私は書いてしまいましたが、今度は逆ですね。何でもいいですよ。お返事お持ちしています。

To Kana
From Nobuyuki

ボックスが開く時

妻のようすがおかしい。突然、馬の話をやたらするようになった。「えっ、競馬にはまった？　まさか、そんなはずはない」。なんだ。乗馬の話か。しばらくして、「乗馬クラブに入会してきた」とさらりと告げられた。

「えっ……」

前から興味があった乗馬クラブが遠くに移転することになり、割安な会員（一年限定）になったとうれしそうに報告された。事前の相談はなかった。相談する義務はないけれど、少しぐらいは相談してほしかった。「それは、よかったね」と答えたものの、寂しさのようなものを感じた。

妻は個人塾を経営している。普段は夜遅くまで教えていている。普段の休日はいつもよりは遅めの朝を迎えるのに、乗馬クラブに行く日は朝早く起きて、颯爽《さっそう》と出かけていく。帰宅すると、クラブでのようすを楽しそうに話してくれる。少しずつ上達していくのがうれしいみたいだ。

妻が「乗馬がしたかった」と何気なく話してくれたことを思い出した。私と結婚し、やがて牧師の妻となり、三人の息子の母となった。教会の奉仕、子育て、仕事と息つく暇もないほどの多忙な生活が始まった。まだ息子たちが幼かった頃、有名な音楽事務所が運営するゴスペル教室で講師の先生との運命的な出会いがあり、ゴスペル・クワイアの指導を始めることになった（私からの強いプッシュもあった）。妻は勉強熱心なところがあり、ニューヨークの教会にまで出かけて行き、研修を受けたり、日本各地で開催されたワーク・ショップに積極的に参加していた。

時を同じくして、教会の幼児英語クラスを担当していた外国人講師の方が辞めることになり、妻がクラスを引き継ぐことになった。米国の聖書大学で教会音楽を専攻したので、英語に不自由はしなかった。しかし、幼児に英語を教えるにはスキルが必要だった。セミナーや独学でスキルを身につけていき、幼児英語クラスを終えた子どもたちの親からの要望が多くあり、個人英語塾が始まった。そんな多忙な日々のなかで、いろいろな自分の願いをボックスに入れていたことを後になって知った。「乗馬を習うこと」もボックスに入れられた願いだった。

妻がボックスに願いを入れていたことは知らずにいた。乗馬クラブに入会したことを聞かされた時、相談がなかったことに寂しさを感じたが、それは、彼女の心と距離を感じたからだった。しかし、彼女が自分らしくなるために必要なスペースだと気づいた。

乗馬クラブに通い始めて一年が経とうとしていた頃、乗馬用の道具をオークションで売却し始めた。一年限定の会員資格が失効したからだった。

それからしばらくして、「小説教室」に入会したと告げられた。「そうなんだ」と驚くことはなかった。「乗馬クラブ」と比べてインパクトがなかったことは事実だが、願いを入れるボックスのことを聞かされていたので、「あっ、ボックスが開いたんだ」と思った。小説の話を夢中になって話しかけてくるようになった。小さな頃から本好きだったことは聞いていたけれど、結婚してからは小説を読む時間がなくなり、本棚は英語関連のテキストで埋め尽くされた。小説教室に通い始めると、本の虫だった自分がよみがえったように、小説をむさぼるように読み始めた。休日、ソファに座って何時間も読み続けている。夢中になれることと、「自分らしさ」は切り離せない。

私たちが自分の召命と出会うには「自分らしく」なっていくことが欠かせない。「自分らしさ」とは自分の願いを大切に扱うことで形づくられていくのだろう。妻が願いをボックスに入れて大切に扱ってきたことが実り豊かな人生の秋を迎えている秘訣《ひけつ》だと思う。そして、理想の私ではなくて、「本当の私」になっていくことで「天職」と呼べる働きへと招かれていく。ちょうど、フレドリック・ビーグナーが天職を「あなたの深い喜びとこの世の必要が出合う場所」（パーカー・J・パルマー著『いのちの声に聴く』）と定義したように。

To Nobuyuki
From Kana

楽しみを共に

お手紙のはずですが、のぶさんの独り言のような、エッセイの原稿のようでしたね。まあ照れるのは無理ないですね。

乗馬がそんなに衝撃を与えていたとは私のほうも驚きです。あの時、何も私に言ってこなかったので、あまり関心がないのかと思っていました。ことばを失っていたのですね。

私たち夫婦はよく話すほうだと思います。何でもお互いを知っていると思い込んでいたのですが、こんなに近くにいても知らないことがあるのですね。私の変化をしっかり観察していたのですね。新鮮でした。でも、私の仕事を直接褒めてくれないのは、やっぱり照れなのかな。とにかく、仕事ぶりを見て理解してくれたのがわかってうれしかったです。

私が勉強熱心だと言っていましたね。確かに学生の頃、勉強は好きでした。でも結婚してからも勉強をするとは思っていませんでした。きっとのぶさんの影響です。

結婚した頃、のぶさんは教会の宣教師のサポートをしながらスポーツクラブでバイトをしていましたね。毎日、スポーツクラブで流されているテレビ番組をある時間帯だけ（勝手に?）ＢＢＣニュース※にして、ビデオカセットに録画していましたよね。仕事が終わる

※ BBC ニュース…イギリスの公共放送局である英国放送協会（BBC）のニュース。時事問題などを扱う

と、必ず筋トレをして五百メートルは泳ぐ。帰宅して夕飯後は、録画した英語のニュースを見る。そして自分の勉強を夜遅くまでしていました。寝る時は、アメリカ人の説教集のカセットテープや中国語のチュートリアルを聴きながら就寝。誰かにそうするように指導されているわけでもありません。セルフモチベーションの高さに驚きでした。フルタイムの牧師になるまでは数年あったのですが、このような生活は崩れることはなかったですね。

妻になっても、母になっても、研鑽を積んで成長していくことが大事なのではないかと思うようになったのは、のぶさんが自身の行動を通して示してくれていたのだと思います。

他にも楽しい刺激を私に与えてくれました。地方で育った私は都会のエンターテイメントを経験したことがありませんでした。大阪市内のライブハウスに連れて行ってくれたり、プロ野球観戦やクラシックコンサートの券をスポーツクラブのお客さんからいただいて一緒に行ったりしたのは、とてもいい思い出です。

のぶさんは、いかに楽しむか、考えたり思いついたりするのが上手ですよね。私を楽しませてくれたように、最近は牧師のリトリートでも、みんなを笑わせてリラックスさせて、いえ、何よりも自分が楽しんでいますよね。そのようすを見るのが私も楽しみです。そしてのぶさんらしいなあと思います。

ところで、男性の人生の秋、についてどう思いますか？　きっかけになる事や出来事はありましたか？　教えてください。

To Kana
From Nobuyuki

しっかりと秋を生きる

いつ僕が人生の秋を意識し始めたのか。

そうだな（往復書簡風）。いつだったのか、はっきりとは思い出せないが、人生を残りの年数から考えるようになってからかな。

父が三十三歳で亡くなったので、若い頃は父よりも年を取った自分をイメージできなかった。母は年を取っていくけれど、自分の将来像と重ねることはなかった。父の年齢を追い越した頃は、毎日を懸命に生きていたので人生の季節という概念すらなかったかな。

でも、振り返って見ると、あの頃が「人生の夏」だったと懐かしく思ってしまう。ここ数年、もう人生の夏は終わり、秋に入っていることはすごく感じている。今年、還暦を迎えることが信じがたい。

エリクソン※のライフステージに自分の人生を照らし合わせると「老年期」（五十六歳〜）を生きていることになる。平均寿命の延びと、牧師の場合、働き始める年齢が他の職種と比較して遅いため、老年期は七十歳ぐらいから始まると考えてもいいかもしれない。

それでも僕の人生の秋（壮年期）はあと十年しかない。男性の健康年齢は約七十二歳と

※エリクソン…エリク・H・エリクソン（1902-1994）。アメリカ合衆国の発達心理学者で、精神分析家。「アイデンティティ」の概念、エリクソンの心理社会的発達理論を提唱した

言われているなので、この十年間で何をすべきかを考えてきた。「世代性を生きる」ことが壮年期のテーマだとエリクソンは提唱したので、「次世代に何を残すのか?」を考えるようにしているかな。

牧師は続けながら、若い世代の牧師を励ます働きに時間とエネルギーをもっと割いていきたいし、本もあと何冊かは書きたい。おっと、これじゃ、人生の夏に舞い戻ってしまう。でも、牧師夫婦を対象にしたリトリートも継続したい。人生の夏を終え、秋を生きるのは心の充足の求め方を変える必要があるね。人生の夏は自分の働きに対する報いをもって心は充足したけれど、秋は他者の働きの成功を報いとして受け取ることを学ばないといけない。これがなかなか難しい。でも、妻のあなたを見ていると上手く切り替えているよね。たぶん、大勢の生徒たちの進路に重荷を持ち、親身になってサポートしてきたことが人生の秋を生きる下地になっているように思えてしまう。

あと十年、自分が受けた恵みを次世代に継承することに尽力できたなら、老年期を穏やかな心で迎えられるような気がする。人生の統合、完成という最後の働きに専念するためにも、お互い、人生の秋をしっかりと生きていきたいですね。

おわりに

本書は、月刊誌「百万人の福音（BIBLE & LIFE）」に連載した「女性の秋を生きる二人の往復書簡」に大幅に加筆修正したものです。かなさんとの往復書簡に加え、「妻はこう言っているけれど、実際のところ夫はどうなのか？」がわかるように、巻末にはそれぞれの夫との往復書簡も記しました。また、ポッドキャスト番組「What The Pastors!!」でかなさんと夫と三人で話した「人生の秋」の回も収録していただきました。

この連載後も、私の人生の秋にはさまざまな変化がありました。連載終了間際に、夫の父が急に天に召されました。その後一か月ほど、めまいや立ちくらみが続き、心身ともにつらい悲しみの時を過ごしました。その間も、共に秋の季節を歩いてくれる友たちが心の声を聞いてくれ、私は再び立ち上がることができました。

大学で学んでいる息子がある時、社会学や心理学の授業で聞き、自分の人生を他者に聞いてもらうことの重要性について、自己の物語にとって承認してくれる他者がいかに必要か、ということを分かち合ってくれました。

往復書簡によって、私は自己の物語を聞いてもらい、承認してもらっていた。それはなんと贅沢な経験だったことでしょう。このことばを教えてくれた息子も、この春から留学するため、私は二度目の空の巣症候群を経験しようとしています。しかし、きっと喪失の衝撃は一度目より少ないでしょう。またこの物語も、私は友たちに聞いてもらえるのですから。

共著を出すのが夢だったので、このたびの書籍化は感謝に堪えません。連載時からの担当の「百万人の福音」編集長、宮田真実子さんに心から感謝いたします。素敵な装幀を手掛けてくださった長尾契子さん（Londel）にも感謝いたします。また、快く往復書簡の加筆に応じてくれた二人の夫と、人生の秋を共に歩いてくれる多くの友たちに心から感謝します。

最後に、初めて会った時から私の先輩として、また友人として人生の秋を先に歩いてくれるかなさん。私のことばがかなさんのことばを引き出し、かなさんのことばから私のことばが紡ぎ出されていく化学反応のようなやりとりは、とても刺激的で喜びに満ちたものでした。そして初めての試みでしたが、それぞれに挿絵を手掛けられたこともうれしいことでした。心から感謝して。

二〇二四年早春、水仙の季節に　鳩ケ谷にて

大嶋裕香

おわりに

＊本書は、月刊「百万人の福音」に掲載された同名の連載（2023年1月号～12月号）に修正・加筆し、一冊にまとめたものです。

女性の秋を生きる二人の往復書簡

2024年7月1日発行

著　者　豊田かな　大嶋裕香
印刷・製本　モリモト印刷株式会社
発　行　いのちのことば社
164-0001 東京都中野区中野 2-1-5
編集　Tel.03-5341-6924
営業　Tel.03-5341-6920 ／ Fax.03-5341-6921
e-mail：support@wlpm.or.jp
ホームページ http://www.wlpm.or.jp/

新刊情報はこちら

ISBN978-4-264-04506-9

◇◇◇◇◇◇◇◇◇◇◇◇◇◇◇◇◇　豊田かな　既刊　◇◇◇◇◇◇◇◇◇◇◇◇◇◇◇◇◇

今日も新しい私に袖を通す

自分の心をしばりつけているものはなにかを知り、ありのままの自分を認め、新しい発見をすることで「ほんとの自分」に出会えるヒントを得る。

B6判　128頁　定価1,320円

◇◇◇◇◇◇◇◇◇◇◇◇◇◇◇◇◇　豊田信行　既刊　◇◇◇◇◇◇◇◇◇◇◇◇◇◇◇◇◇

父となる旅路　聖書の失敗例に学ぶ子育て

幼い日に父を亡くした著者の喪失からの回復と神との和解、そして自身も父親となっていく経験を、聖書の登場人物と重ねながらつづる。

四六判　384頁　定価2,310円

夫婦となる旅路　一心同体となる霊性の成長

真の意味で一心同体の関係となるために、聖書は何を語っているのか？　身近な人間関係を基点に、神との関係や霊性のあり方までも深く考察する第2弾。

四六判　416頁　定価2,420円

イエスの心で祈る「主の祈り」

「主の祈り」についての説教集。ただ願いを神に聞いていただくだけでなく、キリスト者を育て、刷新するものとしての祈りの本質を説き明かす。

B6判　144頁　定価1,320円

イエスと共に過ごす安息日

キリスト者が休息することの重要性を聖書から確かめ、安息日の今日的意味を探りながら、ゆだねることで神との協働を深める意義を考える。

B6判　152頁　定価1,430円

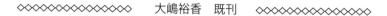